亡霊のジレンマ

思弁的唯物論の展開

カンタン・メイヤスー

QUENTIN MEILLASSOUX

千葉雅也［序］

岡嶋隆佑・熊谷謙介・黒木萬代・神保夏子［訳］

青土社

亡霊のジレンマ　目次

亡霊のジレンマ　思弁的唯物論の展開

序文　メイヤスーの方法──存在と倫理と文学をまたいで

千葉雅也

本書は、現代フランスの哲学者、カンタン・メイヤスー（Quentin Meillassoux）の論文・講演・インタビューを集めたものである。現時点での主著『有限性の後で』の翻訳（二〇一六年）によって、メイヤスーの挑発的な問題提起は日本でも知られるようになってきた──『有限性の後で』は、近現代哲学を総じて「相関主義」として批判する、という大胆な枠組みにおいて、「絶対的な偶然性」にもとづく新たな唯物論を提示し、いわゆる「思弁的実在論（Speculative Realism）」の動きを着火した。本書は、その『有限性の後で』の理解を補うと共に、『有限性の後で』には表れていないメイヤスー哲学のさらなる広がり──存在論、倫理、文学にまたがる──に触れることができる論集である。

この序文では、現在までのメイヤスーの仕事における収録テクストの位置づけを説明しておきたい。

まずは、メイヤスーを初めて読む読者のための導入を行おう。

メイヤスーは一九六七年生まれ、現在はパリ第一大学の准教授である。以前は、パリの高等師範学校（エコール・ノルマル・シュペリウール）で教鞭を執っていた。ドゥルーズやデリダといったフランスの「ポスト構造主義」の哲学者に後続する新世代──いわば「ポスト・ポスト構造主義」──の哲学者である。

メイヤスーの考察には、先行世代からさまざまなテーマ、キーワードが引き継がれている。ポスト構造主義の哲学——いわゆるフランス現代思想——とは、大きく言って「差異の哲学」であったとするならば、メイヤスーの仕事は、「差異の哲学」を先行世代とは一線を画して刷新することである、と言えるだろう。

メイヤスーによれば、近現代哲学には従来、〈私たち＝人間は、自らの思考と何らかのしかたで「相関」している限りでの対象＝事物しか思考できない〉という前提があった。これが「相関主義」と呼ばれる、近現代哲学の——とくにカントによって整備された——前提である。相関主義のために、これまでの哲学では、事物それ自体を私たち＝人間から切り離して取り扱うことができなかった。そこでメイヤスーは、私たち＝人間に相関的ではない、「絶対的に即自的」であるような事物それ自体へのアクセスを可能とするための議論を展開する。それが「相関主義批判」であり、それを通してメイヤスーは「思弁的唯物論」という立場を打ち立てる（註：メイヤスーの仕事はいわゆる「思弁的実在論」の発生を促したが、彼自身の立場は「思弁的唯物論」と呼称される）。詳細はここでは省くが、思弁的唯物論の立場では、非人間的なる事物それ自体は、唯一、数学によってのみ記述可能であるとされる。

そしてメイヤスーは、この世界（事物の総体）が現にこのような世界であること、すなわち、このような自然法則で成り立っていることには必然的理由がない、それはたんに偶然的な「事実」なのだ、というテーゼを論証する。ライプニッツの言う「充足理由律」を否定するのである。のみならず、この世界が現にこのような世界であることが非‐必然的＝偶然的であるからには、いつの日か、何の理由もなく偶然的に、この世界は別様の（法則系を持つ）世界へと変化することもありうるとされる

――また、世界が変化せずにこのままであり続けることも可能だが、そうだとしても、たんに偶然的にそうでもありうるということなのである（世界がずっと不変だとしても、そのことは世界の必然性の証なのではない）。

私たち＝人間の思考に対し、絶対的な差異として存在する、数学的外部＝事物それ自体へと向かう。この意味において、メイヤスーの仕事は、ひとつの新たなる「差異の哲学」、ポスト・ポスト構造主義の「差異の哲学」である。その新しさの核をなすのが、偶然性概念なのだ。ポスト構造主義においても重要であった偶然性概念を、改めてラディカライズするところにメイヤスーの独自性がある。この世界の（法則系の）、純然たる偶然性――いかなる人間的な意味とも無関係な「ただこのようである」こと。そこから、「差異の哲学」の別面である「変化の哲学」――とくにドゥルーズ（＆ガタリ）に見られたような――に、大胆な刷新が引き起こされる。すなわち、この世界全体の、まったく偶然的な変化可能性、および変化しない可能性である。このように、メイヤスーの哲学は、ポスト構造主義から引き継がれたテーマ、キーワードを、人間的意味を徹底的に無化する方向へとラディカライズしているのである。

本書はどこからでも読めるが、『有限性の後で』との関わりでは、第Ⅰ章「思弁的唯物論のラフスケッチ」、また第Ⅱ章「潜勢力と潜在性」から始めるのが取り組みやすいだろう。いずれも『有限性の後で』の理解を深めるのに役立つテクストである。

「思弁的唯物論のラフスケッチ」においてメイヤスーは、相関主義に関する議論を改めて説明している。そこには、たとえばドゥルーズへの批判も見られ、ポスト構造主義世代に対してメイヤスーが独自のメタレベルを設定し、距離を取っていることが明らかにわかる。

「潜勢力と潜在性」の内容は『有限性の後で』第四章に相当する。先に述べた、この世界には必然的理由がないというテーゼを、メイヤスーはヒュームの因果論から導き出している。経験論の問題を、思弁的・存在論的な水準へと飛躍させるメイヤスーの行論は、オーソドクスな哲学史の観点からはにわかには受け入れがたいかもしれないが、これこそがメイヤスー流の実験的な挙措なのである。


『有限性の後で』は、それだけで十分に強力なひとつの唯物論を提示しているが、メイヤスーの博士論文以来の重要な関心がそこからは除外されていることに注意しなければならない——すなわちそれは、倫理、正義の問題である。メイヤスーは、「神の不在」と題された博士論文をいまもなお改稿し続けており、それは今後著作化が予定されている。そこでは、絶対的偶然性の議論と結びついた形で、「全人類の復活」という途方もない主題が論じられる。

メイヤスーによれば、真の正義の実現とは、不幸にして死を強いられたあらゆる人々が復活することであり、それは、いまだ存在しない「神」がついに出現することで果たされる。全人類を復活させる神が、まったくの偶然によって突然発生するかもしれない、というのである。

神は現時点では存在しないが、これから、まったくの偶然によって突然発生するかもしれない——そしてその神が、全人類を復活させる。

そうなったとき、世界は「人間の世界以後」に突入する。それは「第四世界」と呼ばれる。現在公開されている「神の不在」の草稿において、メイヤスーは、物質が発生した世界を「第一世界」、生物が発生した世界を「第二世界」、人間が発生した世界を「第三世界」と呼んでいる（Graham Harman,

Quentin Meillassoux: Philosophy in the Making, Edinburgh University Press, 2015の巻末に掲載)。人間の世界の後には、復活の世界としての「第四世界」が到来するだろう。言い換えればそれは、人間の世界の「反復」である。この「反復」というテーマもポスト構造主義的なものだが、ここでメイヤスーは、相関性の時代としての人間の時代をポスト構造主義の段階に重ねているかのような身ぶりでもって、その後に来る=もはやポスト構造主義的ではない――それを成仏させるための――「別の反復」を問題にしている、と言えるのかもしれない。

この復活というテーマが、第Ⅲ章「亡霊のジレンマ」で説明されている。この論文によって、『有限性の後で』には表れていないメイヤスーの別の(真の)顔、すなわち「神の不在」のメイヤスーを垣間見ることができるわけだ。

「神の不在」プロジェクトの練り上げこそが、実はメイヤスー本来の仕事である。メイヤスーのあらゆるテクストは「神の不在」の内部で読まれるべきなのか、それとも、独立に読めるものは独立に評価してよいのだろうか……どのような読みを採るかは、読者に任されている。

さらに、メイヤスーには文学論もある。

第Ⅳ章「形而上学と科学外フィクション」は、『有限性の後で』からじかに帰結する文学論である。そこでは、自然法則が恒常的で、実験科学が成り立つ世界を想定するSF(サイエンス・フィクション)に対し、自然法則が偶然的に、何の理由もなく変化するために実験科学が成り立たない世界を取り扱うものを「科学外フィクション」(FHS)と呼んで区別する。

この区別から言えば、『有限性の後で』においては、私たちの世界は、実は潜在的には(virtually)

科学外的になりうるのだが、そのような潜在性があるなかで同時に、現働的には（actually）科学的に（自然法則の恒常性が）成り立っている、という二重性が言われていたことになるだろう。注意せねばならないが、メイヤスーは反科学主義なのではない。科学外的な偶然性と科学を可能にする法則性とが同時に存在論的に有意味になるような、二重構造の立論を行っているのである。前者は「潜在的なもの」であると言えるが、現に、アクチュアルに存在する事物の状態とは矛盾するような「別のレイヤー」を潜在性概念によって確保するという身ぶりは、ポスト構造主義的なものである。

さらに第V章の講演「『賽の一振り』あるいは仮定の唯物論的神格化」では、現時点では未翻訳の、『有限性の後で』に続く第二の著作について知ることができる――マラルメの詩『賽の一振り』に対する解釈『数とセイレーン』（二〇一一年）である。

メイヤスーは、マラルメ研究史を丁寧に参照しながら、『賽の一振り』とは、自由詩の時代において、没落する韻律＝定型性を改めて言祝ぐものであると解釈する――しかし『賽の一振り』は定型詩ではなく、自由詩としても異様な相貌を備えている。そこでメイヤスーは、フランス詩の一二音綴（アレクサンドラン）の定型性とは異なる、別の定型性がそこでは問題になっていると推測し、マラルメにおける数の象徴性を検討しながら、『賽の一振り』の総語数を数えると「七〇七語前後」である、という結果にその詩の意味を凝縮させることになる。

ひじょうにアクロバティックな、にわかには受け入れがたいだろう意味抽出の方法だが、周到に用意された各論点の「弁護」が見事な織物を成しており、これが『賽の一振り』の真相であるかはともかくとして、一個の批評的作品を成り立たせるとはどういうことかを考えさせるものである。

第Ⅵ章「減算と縮約」もまた、マラルメ論と同様、巧みな批評的作品であり、メイヤスーの方法意識が光っている。ここでも読解方法は、にわかには支持しがたく極端なものだ。メイヤスーは、ドゥルーズにおける「内在性」を捉え直すために、ドゥルーズが依拠しているベルクソンの『物質と記憶』を再解釈する。だが、『物質と記憶』を第一章のみで読む、それ以後の展開は第一章の不純化であると見なすのである（当然ベルクソン自身はそんなつもりで『物質と記憶』を書いてはいない）。『物質と記憶』は、第一章の知覚理論において「内在性のピーク」を呈しており、それ以後、内在性は「退潮」するというのである。そうであるとしたらどうか、というわけである。そのような意図的誤読と言ってよいだろうテクスト解釈によってメイヤスーは、最終的に、もはやベルクソン／ドゥルーズの哲学に忠実なのか疑わしいが、しかし確かに双方の分身であるような、「減算的」と称される新たな存在論のモデルを提示することになる。

本書のいずれの章においても、メイヤスーの真剣なる遊び心が炸裂している。ぜひご堪能いただきたい。

凡例

・原文でギュメの部分には「　」を、（）には（　）を、イタリック部には傍点を、それぞれ充てた。

・訳者による補足は〔　〕内に記し、キータームや一義的な訳が難しい箇所には（　）内に原語を併記した。

・引用箇所については、既存の邦訳や原典を適宜参照しつつ、訳文を一部変更したところもある。

I

思弁的唯物論のラフスケッチ

Interview with Quentin Meillassoux

私たちから独立した偶然的存在が存在する、そして、この偶然的存在が主観的本性を持つ理由は何もない。

質問1　あなたのデビュー作である『有限性の後で』（2006）〔『有限性の後で――偶然性の必然性についての試論』千葉雅也・大橋完太郎・星野太訳、人文書院、二〇一六年〕は、近現代思想〔1〕におけるヒューマニズム、内在の形而上学、反唯物論を批判しており、それゆえ多くの人に近現代思想の歴史に対する最も苛烈な攻撃の一つであるとみなされています。（1）あなたは、この近現代思想の歴史を書き換えることで、あるいは、あなたが呼ぶところの相関主義（correlationism）を書き換えることで、あなたが思弁的唯物論と称するものを厳密に発展させています。この〔相関主義という〕術語は『有限性の後で』を通して概念化され、それによって、間違いなく多くの研究者――時に、思弁的実在論者と称される研究者たち（Bryant et al, eds. 2011 を参照のこと）――が、新しい科学哲学を発展させることへ、そしてどのようにしてカントから立ち去るのかにかんする、新たな見解を発展させることへ駆り立てられています。相関主義、すなわち、あなたが「私たちはつねにただ思考と存在のあいだの相関（correlation）にのみアクセスできるのであって、他方から切り離した形ではいずれの項にも決してアクセスできないという観念」（Meillassoux（2006）2008, 5〔前掲書、一五―一六頁〕）と呼ぶものは、この相関主義という術語を用いる他の論者からも厳しく批判されています。しかしながら、あなたにとって、相関主義の立場は大きな尊敬を受けるに値するものです。そのため、あなたはただそれを批判するだけではなく、むしろハーマン（2011a, 25）が述べているように、「まるで『内部犯行（inside job）』のように内側

〔1〕「近現代思想」と訳出した原語は modern thought である。本インタビューの文脈上、これはカント以降現在に至るまでの広い範囲を含意しているため、本稿では「近現代思想」と訳出した。

（1）フランス語からの翻訳は、マリー＝ピエ・ブシェ（Marie-Pier Boucher）による。

から過激化」します。

この本〔*New Materialism: Interviews & Cartographies*〕で私たちは、私たちが新しい唯物論と呼ぶものをマッピングしています。しかし、この本において特定の研究者を新しい唯物論に数え入れたり、あるいはそこから締め出したりする必要はないと感じています。したがって、私たちは、あなたを私たちの新しい唯物論に数え入れる（あるいは数え入れない）ための道理を持ちあわせていません。私たちが関心を寄せているのは、それぞれがまったく異なる仕方で展開されているにもかかわらず、あなたの描く軌道とよく似た軌道を私たちも描いているということです。この非常に複雑な「相関主義」という観念に注意を払いながら、あなたが歩んできた道についてのラフスケッチを私たちに示していただけませんか？

カンタン・メイヤスー〔以下、**メイヤスー**〕　私は『有限性の後で』のなかで、次のような二つの立場を正面から対立させています。a)「強い相関主義（strong correlationism）」。私の意見では、これは反-絶対主義の、したがって現代の反-形而上学の最も厳格な形式です。b)私が「主観的（subjective）」と呼ぶ一つの形而上学。すなわち、反対に、今日最も流布している絶対的なもの（the absolute）の哲学です。これは、主観（subject）のあれやこれの特性を本質的に必然的なものとすることからなる哲学、つまりその主観の特性の身分を相関的なもの（correlate）の一部とすることからなる哲学です。

この区別を具体的に示していきましょう。『有限性の後で』の第一章で、私は概して相関主義を反-絶対主義の一つのテーゼとして定義しています。というのも、相関主義において、（広く定義された）「主観-客観」の相関は、私たちは即自（the in-itself）の様相にアクセスしているだろうという考えを強いる形而上学を論駁する道具として使われるからです。その代わりに、相関主義では、私たちは、どうしようもないほど私たちが持つ世界－への－関係（relation-to-the-world）のなかに閉じ込められており、それゆえに、即自のいかなる形式にもアクセスすることができません。そこには、私たちの持つ実在性への主観的な結合から離れて、私たちに与えられている実在性〔すなわち、私たちにとっての世界〕が、即自的であると理解される実在性〔すなわち、世界それ自体〕と一致するかどうかを検証するいかなる手立てもないのです。私の意見では、相関主義には二つの主たる形式があります。すなわち、弱い相関主義と強い相関主義です（『有限性の後で』第二章を参照せよ。両者の差異については四二ページ〔前掲書、七六頁〕を、またその説明は四八ページ〔前掲書、八五頁〕以下を見よ）。弱い相関主義はカントの超越論哲学と同一のものとみなされます。それはいまだ思考の思弁的な権利要求（たとえば、赦免的な（absolutory）要求[2]）に対してあまりに多くのものを認めるという点で「弱い」のです。実際、私たちは即自的なものが存在するということを知っているということ、そしてそれが思考可能（thinkable）（無矛盾（non-contradictory））であるということを、カントは主張しています。「強い」相関主義は、「即自」が存在するということを私たちが知りうるということ、そして即自が思考されうるということさえ認めません。強い相関主義にとって、私たちは完全に自らの思考のなかに閉じ込められているのであり、即自を知りうる可能性はないし、ましてや、即自が生起すること（taking place）や即自の論理性（logicity）を知りうる可能性などありません。

〔2〕　続いて語られるように、強い相関主義が物自体の思考可能性を禁止するのに対して、カント（弱い相関主義）は、物自体の認識可能性は禁じるものの、思考可能性は認めるがゆえに、物自体、すなわち絶対的なものへの接近禁止に対する思考の赦免的な要求を認めていると解される。

次に、私は相関主義の最も厳しい同時代の敵対者を定義します。すなわちこれが、主観主義の形而上学者です。その敵対者は、強い相関主義者（ここからは彼を単に「相関主義者」と呼びましょう）と違って、私たちは実際に、絶対的なものにアクセスすることができると信じる者です。その絶対的なものとは、すなわち相関的なものです。相関主義者は、私たちはその相関的なもののうちに囚われているのだから即自にアクセスすることはできないと言いますが、主観主義の形而上学者（この人物を単に「主観主義者（subjectivist）」[3]と呼びましょう）は、即自とは相関的なものそれ自体であると断言します。

このように、「主観主義者」のテーゼは、それが扱うさまざまな事例にしたがって、主観性のさまざまな特性を絶対化します。私たちは〈理性〉を絶対化するヘーゲルの思弁的観念論から、意志や知覚、情動等々を絶対化する（ニーチェ／ドゥルーズという主要な軸に沿った）生気論のさまざまな現在の変奏に至るまで、このことに出会っているのです。私にとって、ドゥルーズは主観性の特性の集合を絶対化し、〈生〉（あるいは「一つの〈生〉（a Life）」）を実体化し、またそれらを私たちが持つ世界への人間的で個的な関係から完全に独立したものとして提示している形而上学的主観主義者です。

強い相関主義と主観主義的形而上学とのあいだのこの区別は、『有限性の後で』のまさに核心をなしています。実際、第三章では、私の企図の基礎を提示しています。この第三章は全体として、相関主義と主観主義のあいだの不一致に基づいているのです。そしてこの対立こそが、私に事実性の絶対的な必然性（the absolute necessity of facticity）を立証することを許すのです——事実性の絶対的な必然性は、その後の私の見解すべてをそこから読まなければならない、一つの観点です。

質問2　あなたの考えでは、私たちが「新しい唯物論」と呼ぶものに重要な貢献をもたらしているドゥルーズは唯物論者ではないのですね。なぜなら、彼の形而上学における分離されないものの絶対的な優位性（the absolute primacy of the unseparated）（「それが世界－への－関係の何らかの形式でないかぎり、何ものも存在しえない」）は、「知性も意志も生命もない」（Meillassoux（2006）2008, 37〔前掲書、六九頁〕）エピクロスの原子が可能であることを許さないからである、と。とはいえ、ドゥルーズ（ガタリとの共著であれ、そうでないものであれ）はあなたの思索にとって重要であり、また、いまださらなる思索を必要としていることも付け加えなくてはなりません（Meillassoux 2010）。あなたは、科学と数学が、分離されないものの絶対的な優位性から解放される思弁的唯物論を求める問い（祖先以前的なもの（the ancestral）にかんする問い）を哲学に対して提出してきたことを強調しています。しかし、あなたはどのようにして、欠－主観的（asubjective）なものは存在しえないという超越論的な言明と縁を切ることと、それでもなお科学あるいは数学にかんするカントの議論と類似したアプローチに結びつくことを、同時に主張することができるのでしょうか？

メイヤスー　もう一度明確にしましょう。その超越論的な言明、つまり「欠－主観的なものは存在し

〔3〕本インタビューでは「主観主義」は一貫して subjevtivism という訳語が当てられているが、メイヤスー本人は通常の意味での主観主義（subjectivisme）と彼自身の術語の意味の違いを明確にするために subjecralisme という語を用いている。これは、本インタビューで「主観主義の形而上学」や「形而上学的主観主義」と呼ばれているものを表す術語である。「形而上学的主観主義（＝ subjectalisme）」は、相関主義が課す反－絶対主義に抗して相関それ自体を絶対化するものであり、一般的に、主観主義（subjectivisme）という語に含まれる相対主義的なニュアンスとは反対のものを指し示す点に注意されたい。

えない」という言明は、反‐形而上学的相関主義と主観主義的形而上学両者のたんなる「共通点」にすぎません。しかし、私たちは、〔欠‐主観的なものは〕どのように、またどの程度〔存在しえないのか〕ということを理解しなければなりません。相関主義者にとってそれは、自らの主観的観点を持たずに、私〔＝相関主義者〕は、その対象を思考することが決してできないということを意味します。したがって、相関主義者にとって、その言明は、欠‐主観的なものは私たちにとって思考不可能であるということを意味するのです（「それが存在しえない」ということは、すなわち「それが思考可能ではありえない」ということを意味します）。反対に、主観主義者にとってその言明は、欠‐主観的なものは絶対に不可能である、すなわち、「それは存在しえない」＝「それは即自ではありえない」ということを意味します。〈生〉の形而上学、あるいは〈魂〉の形而上学、超越論哲学、あるいは強い相関主義はすべて、何らかの非‐主観的なもの（non-subjective）（原子と空虚）が存在するということ、そして私たちはそれを知ることができるということを断言する、エピクロスタイプの唯物論に特有の「素朴実在論」を弾劾することに収斂します。私は確かに、この反‐実在論的なコンセンサス、とりわけ超越論的なあらゆる形式と決別します。しかも、原子と空虚を要する実在を支持するがゆえに、実在論というジャンルのなかでも依然一つの形而上学（主観的形而上学ではなく実在論的形而上学）にとどまっているエピクロス主義へと回帰することなしに、です。

　しかしこれは、間違いなく、私が次のような要求を主張することを妨げはしません。すなわち、私は、思考可能性にかんする科学の諸条件を解明することを要求するのです。実際、そのような要求は、それ自体において超越論的なものを何も持っていません。それは、「科学」という術語を使用するときに、それが語っていることを知ろうとするあらゆる哲学に固有のものです。私のテーゼは、私たちが原化石〔arche-fossil〕のアポリアを解決しそこなったがゆえに、私たちはいまだにこの〈科学という〉言葉が意味することを理解していないということなのです。つまり、数学化された自然科学は、その言明に一つの絶対的有効範囲を与えるという条件の下でのみ、思考可能であるということです。そして、この絶対的有効範囲とは、全時代の反‐形而上学的哲学が異議を唱えてきたものです。主観主義の形而上学は当然、彼らが思考の絶対的有効範囲を保持していること、またそれゆえに彼らがその原化石の問題に陥らないことを断言するでしょう。しかしながら、私は、これらの形而上学が強い相関主義によって実効的に論駁されるということを、したがって、これらもまた結局はこのアポリアを解決することができないということを示します。

質問3　恐らく、私たちは、私たちが思想史を書き換えなければならない理由について語るべきでしょう。今日、唯物論の哲学あるいは実在論の哲学を発展させることに関心のある多くの著作家は、ヒューマニズムを拒絶することに熱心です。というのも、それが〔非明示的な〕表象主義的〔representationalist〕あるいは言語主義的理論化であるからです。また、彼らは、そのようにコピーあるいは言語が強調されることによって、ある致命的な還元主義が、〔より一般的には、哲学や人文科学において、しかし科学においても同様に〕思考に入り込んでしまったと主張するからです。一方、あなたは再び〈絶対者〉〔Absolute〕との接触を図るために、相関主義的思考を打ち破ろうとしています。近代の到来以来〔あなたの術語を使えば、カントにインスパイアされた相関主義の台頭以来〕、〈絶対者〉はますます思考から締め出されているという点で、多くの人があなたに同意するでしょう。実際、よく知られているようにニーチェは、一九世紀の終わりに〔『ツァラトゥストラかく語りき』（1883-1885）1967〕において）批判的思考が神を殺したのだと主張しましたが、あなたはまさにその反対のことを主張しています。あなたの主張は、相関主義によって〈絶対者〉が思考不可能になってしまったということなのですから。デカルトとヒュームを通してカントを批判して、とりわけ、最終的にその批判が因果性（causality）に行き着くとき、あなたは相関主義をその極限にまで推し進めようとします。そしてあなたは、あなたが〈事実論性の原理（the Principle of Facticity〔le principe de factualité〕）〉[4]と呼ぶもの、すなわち自然（偶然としての自然）と、その思考との関係との根本的に異なった概念化を明らかにするのです。（弱い）相関主義を徹底化することは、私たちに次のようなことを示します。つまり、あなたの表現で言えば「あらゆる世界は理由なく存在し、したがって、あらゆる世界は実際に理由なく他のあり方に変化することができる」[5]（Meillassoux（2006）2008, 53〔前掲書、九四頁〕。強調は原典による）と。

メイヤスー　この点をもう一度簡潔に説明しましょう。主観主義者は、相関主義者が相関主義者であるにもかかわらず、真に絶対的なものを、つまり相関的なものの外にある実在ではなく、相関的なものそれ自身という絶対的なものを発見したのだと断言します。相関主義者は確かに、私たちが、ただちに自己矛盾することなく、その相関的なものから独立したある実在を思考すると主張することはできないということを論証しました。すなわち、即自を思考するということは、それを思考することなのであって、したがって、即自を私たちから独立した絶対的なものにすることではなく、思考という私たちの主観的な活動の相関項にすることなのです。しかし主観主義者によれば、このことは、この絶対的なものが相関それ自体以外の何ものでもないことを論証していることになります。というのも、相関主義者自身が告白したように、私は相関的なものが消失することやそれが他のものになることを、ただちにその相関という構造に連れ戻すことなく思い描くことができないからです。このことは、実際に、私は必然的なものとして以外の仕方で相関を思考することができないということを意味しています。この結論は相関主義者の反‐絶対主義のテーゼと矛盾します。けれども、それにもかかわらず主観主義者は相関主義者の議論からこの結論を取り出し、そして相関主義をそれ自身に対立させるのです。相関的なもの、すなわち実在論の形而上学を脱‐絶対化（de-absolutization）する道具は、反‐実在論の絶対的なものへと戻ってしまうのです。しかし、強い相関主義者は、まだ彼の最後の言葉を語ってはいません。〔『有限性の後で』の〕第三章で、私は強い相関主義者の最も現代的な形（ハイデガー、あるいはヴィトゲンシュタイン）において、強い相関主義者が還元不可能な事実性を相関の絶対化に対抗させることで、その主観主義者からの返答をなんとか論破できるということを示しました。私がこの答えをどのように記述しているかもう一度読み直してみてください。私が引き出すその結論は、強い相関主義は、主観主義者が信じているような相関の絶対化によって論駁されえず、むしろそれは事実性の絶対化によって論駁されうるのだ、ということです（ここに事実論性の原理（the principle of factuality〔le principe de factualité〕）〔6〕の意義があります）。

〔4〕原文では、facticity（事実性）であるが、factualité を誤訳したものだと思われるため、「事実論性」と訳した。また、メイヤスーによる術語 factualité は、『有限性の後で』の英語版（Meillassoux, 2008）において factiality と訳されている。

〔5〕原文では、引用文献で強調されている箇所（「実際に理由なく他のあり方に変化することができる」に対応する箇所）に強調が付されていなかったため、訳者の判断で傍点を付した。

〔6〕原文では the principle of factuality であるが、訳註〔4〕でも指摘したように、メイヤスーによる用語 le principe de factualité は『有限性の後で』の英語版（Meillassoux, 2008）において、基本的に the principle of factiality と訳されている。ごく僅かな例外として、七三ページおよび七五ページに the principle of factuality と訳されている箇所があるが、いずれも、原典における当該箇所は le principe de factualité である。

質問4　あなたは幾度か思弁的唯物論がある通時的なアプローチを求めていることに言及していますが、あなたの使う諸概念は私たちに遠く過ぎ去った時間（と場所）（たとえば原化石）を示します。さらに、あなたが「……より深いレベルの時間性、すなわち、それのただなかで、世界-への-関係よりも前にあるものが、自らを世界-への-関係の一つの様相から派生させるような深いレベルの時間性が存在するのである」（*ibid.*, 123〔前掲書、二〇四頁〕）と述べるとき、終章において再び幾度か言及されるこの深さが、思考「より前に（before）」探し求められなければなりません。このことは、私たちを事象そのもの（things themselves）へと連れ「還る（back）」ことを意図するハイデガーのアプローチを再び思い起こさせます。ところが、ここまで見てきたように、あなたは実際にはハイデガーに対して極めて批判的です（上述のあなたの返答だけでなく、たとえば〔英訳の〕四一―四二ページ〔前掲書、七四―七六頁〕でも、あなたはハイデガーが（ヴィトゲンシュタインとともに）二〇世紀哲学を支配した強い相関主義を打ち立てたことを非難しています）。あなたは主にハイデガーの後期の著作を引用していますが、それにもかかわらず、あなたのハイデガー批判は、主として彼の初期の著作でより中心的に扱われる存在の問いに集中しています。彼の〔後期の著作である〕『技術への問い』（1954）のなかに、また『芸術作品の根源』（1960）のなかに、私たちはたやすくあなたの議論に非常に近い唯物論を読みとることができます。というのも、ハイデガーもまた関係性を厳しく問い、この関係性が存在するようになるよりも前にのみ見出されうる事物（と時間）の、より完全でより深い意味を求めているからです。

ハイデガーの思想の観念論的な、また時にはヒューマニズム的な側面を思弁的に取り除くことで、私たちは次のように言うことができるでしょうか？　すなわち、事象そのものへ還るという現象学的考え、またリオタール（『1988』1991）が述べるような古代ギリシャ思想を書き直すことへの彼らの関心（『有限性の後で』の「プトレマイオスの逆襲」と題された最終章についても考えたほうがよいでしょう）はまた、あなたの関心でもあるのだ、と。あるいは、少なくともあなたは、前-人間（pre-human）を書き換えるということよりも、むしろ前近代哲学あるいは古典哲学を書き換えるというハイデガーの考えを共有しているのではないでしょうか。

メイヤスー　ハイデガーにかんして、私は、彼が実のところ後期であろうと前期であろうと決して相関主義から逃れてはいなかったことを注意深く示しています。だからこそ、私は彼の『同一性と差異性』（『(1955-57) 1969』）（第一章、及び四一―四二ページ）を引用するのです。この著作は、性起（Ereignis）――ハイデガーの仕事における「転回」の後の中心的な用語――を明らかに相関的な構造へと連れ戻しています。前期ハイデガー以前にすでにフッサール現象学のスローガンであった「事象そのものへ」は、哲学にかんする私の考えとはまったく一致していません。なぜなら、それは、この呼びかけによって、意識の、現存在の、現象の、存在者の、あるいは〈存在〉の相関項としての事象に戻ることなのですから。もし、与件が事物自体（thing in itself）であったなら、そのとき事物は内的に与えられている何かでしょう。しかし、私の考えでは、そのようなことはありません。したがって、「事象そのもの」への回帰ではなく、むしろ私たちが世界を開くこと（opening-the-world）と無関係であるがゆえに、私たちに与えられるものと無関係なものと解される即自への回帰があるのです。

　私はギリシャへの回帰、あるいはギリシャを書き直すことに与してはいません。そのような企図は私のアプローチにとって何ら決定的な意味を与えはしないのです。

質問5　ミシェル・フーコーは、『言葉と物』（1966）で〈人間の終焉〉、あるいは第二のコペルニクス的転回を宣言した最初の人物でした。フーコーの歴史記述の新しい方法は、人間の心を排除することはなかったかもしれませんが、少なくとも人間の心から始めるのではないと確かに主張しています。たとえば、彼のディスクール（discourse）という考えは言語からではなく、非行性（delinquency）（これは一つのシニフィアンではなく、相互に監獄の物質的形式を前提する諸言明からなる集合の一部です）のような表現形式を伴う物質的形式（たとえば監獄－形式）から生じました。これをもう少し先へ推し進めれば、フーコーのこの方法において、とてもマイナーな役割を演じている人間の心なしで、この議論を言い換えることはそう難しいことではないように思われます。たとえば堆積のプロセスがどのように進むのかを考えてください。そこでは、小石たちが（それらを通して表現される）水流によって運ばれ、堆積岩（新しい実質（substance））という新しい存在者（entity）を創造する均一な層に分類されます。それは、地殻変動や気象条件、また、その他さまざまな（複雑な）変化の諸プロセスによって、それもまた運動のさなかにある、非直線的で進行中の変化のプロセスなのです。そして、これは最終的に、フーコーが一九世紀における非行性のプロセスのなかで生じたことを見た仕方と非常に似た運動を作り出します。

だとすれば、どのような点であなたのアプローチはフーコーのそれと異なっているのでしょうか？あるいは、原化石は上記の例における小石たちとどこが違い、またどの点でその小石たちよりも人間の心に依存しないのでしょうか？

メイヤスー　フーコーにかんして、私は簡潔に次のように答えましょう。彼の探究は知－権力（knowledge-power）の過去の装置に集中しており、結局のところ、彼にとって同時代の装置に集中してしまっているのです。強い相関主義の資格剥奪にかんして、彼は、私たちに何ももたらしえません。というのも、その資格剥奪は、彼の研究が扱っていない、むしろ前提してしまっているレベルに位置することだからです。確かに私は、〈コギト〉にその出発点を持つ相関主義が、しまいには最も頑なな反‐デカルト主義者をも含めた近現代思想全体を、いかにして支配することになったのかを考察しています。その「大監禁」は、保護院（asylum）における狂人たちの大監禁ではなくて、〈相関的なもの〉（Correlate）における哲学者たちの大監禁なのです。そして、これはフーコーにもあてはまります。実際フーコーは相関主義者の面目を潰すだろうことを何も言いません。それは、彼の注釈すべてが、私たちの時間の観点と相関するディスクール（discourse-correlated-to-the-point-of-view-of-our-time）として容易に考えられうるし、また厳密にそれに依存するからです。これは、いくつかの相関主義的な相対主義において典型的なテーゼです。私たちは私たちの時間に、ヘーゲルの術語にではなく、むしろ、ハイデガーの流儀に捕らえられています。つまり、つねにすでに私たちを支配する知‐権力の様相に捕らえられているのです。「人間の終焉」にかんする彼のテーゼは「人間科学」の一つの対象として理解された人間についてのものであって、私が考えるような相関的なものについてのものではないのです。

私は、フーコーのテーゼに敵対しているのではまったくありません。たとえ、私の見るところによれば、フーコーは――『社会は防衛しなければならない』（Foucault 2003）と題された見事な講義においてでさえも――その深い本性が思考されないままである歴史主義的存在論の範囲内で思考しているとしても、です。

質問6　あなたの本の中心となっている問いは次のようなものです。思考が存在しないときに存在しうるものを考えることが可能な思考とはいかなるものか（Meillasoux（2006）2008, 36〔前掲書、六六頁〕）。多くの人文科学研究者は、カントとヒュームのあなたの読み直しに共感を抱いてはいても、この問いの緊急性については理解していないのかもしれません。たとえば、フェミニズムは、おそらく男－女という二分法を超えて思考することに関心があるのでしょうし、また現代のフェミニズム理論も同様に人間（女性）の心からその分析を始めたのではまったくないでしょう。しかし、思考がない状況を思考することの緊急性は、あなたがすでに言葉にしているように（*ibid.*, 121〔前掲書、一二〇一頁〕）、極めてくだらない問いとみなされているようです。あなたはどのように彼・彼女らを納得させようとお考えですか？

メイヤスー　いかなる思考も存在しないときに存在するものについてのその問いが、――フェミニストに限らず――多くの人に、意味がない、あるいは重要性を欠いているとみなされていることは、まったくその通りです。あなたが思い出させてくれるように、私は特に、問題は、最も緊急を要する問いが、最もくだらない問いであるとみなされてしまっているということをどう理解するかだ、と言っているのです。その問いは、他の仕方で思考するように誰かを説得することにかんするものではありません。というのも、私たちの時代の非常に強い特色に対して、わずかな文章で太刀打ちすることなどできないからです。

　私が現行において確実とされているものを揺さぶるようなことを言わなければならなかったのだとしたら、私は挑発的なやり方でそれを定式化したでしょう。しかし、私が考えていることは、基本的には次のようなことなのです。私は、この問いを扱うことを単純に拒絶する人は誰であれ、「科学」、「数学」、「絶対」、「形而上学」、「非－形而上学」という語、またそれらと同じように重要な他の語を発するとき、自分が言っていることをまったく知らないと断言します。私が『有限性の後で』において、そしてこれまでのインタビューで述べていることは、私がそう断言できる理由を説明するのに十分でしょう。

そういうわけで、性的差異の問いはこの質問と無関係ではありえません。たとえば、ラカンの仕事は全体を通して、精神分析の科学性あるいは非科学性の問いが交差しており、それは「マテーム（matheme）」という用語においてその頂点の一つを見出しました。ところで、科学における非‐相関的なもの（the non-correlational）の問いをその必然的な前提条件として扱わないかぎり、あらゆるラカンのディスクール――それは、誰もが認めるように「男／女」あるいは「雄／雌」のあいだの差異についての問いに関連しています――は、その最も重要な概念の意味を把握することができないと、私は主張します。同じことは、先に引用された術語をそのディスクールのなかに一つでも組み入れているあらゆるフェミニズム理論にも言えることです。

質問7　あなたは、カントとヒュームに革新を起こすことで、そして如何にして徹底的な反‐人間中心主義（anti-anthropocentrism）がコペルニクス的転回を果たすのかを論証することで、強い相関主義を移行させます。あなたは徹底的な反‐人間中心主義によって思考を再絶対化しますが、この徹底的な反‐人間中心主義にとって中心的なものは、数学です（*ibid.*, 101, 103, 113, 126〔前掲書、一六八頁、一七一―一七二頁、一八八―一八九頁、二一〇―二一一頁〕）。「数学化可能なものは、思考の相関項には還元しえない」（*ibid.*, 117〔前掲書、一九五頁〕）。このことは、哲学的に科学を思考することからの明確な撤退を必然的に伴います。なぜなら哲学的に科学を思考するということは、「科学的な知における非

－相関的な様態、換言すれば、その著しく思弁的な性格」（*ibid.*, 119〔前掲書、一九八頁〕強調は原典による）を不明瞭にしてしまうからです。あなたが述べていることは、「あらゆる思考に先立って、またあらゆる思考と無関係に、出来事Xが実効的に生じうるということを思考は思考できる」、「いかなる相関主義も［……］その言明の文字通りの意味が、また、その最も深い意味であるということを認めることができない」（*ibid.*, 122〔前掲書、二〇二頁〕、強調は原典による）という言明のそれです。その議論の線上において、私たちが数学のなかに見出すこの永遠真理を、（思弁的であるとはいえ）「実在論」に結びつけることは理解できますが、私たちはどうしてそれを一つの唯物論と呼びうるのでしょうか？　数学の形態形成の力学は物質と等しいのでしょうか？

メイヤスー　私の意図は、――『有限性の後で』ではまだなされていないということに、ここで留意していただきたいのですが――数学化可能なものは絶対化可能であるということを論証することにあります。あなたは私に、これが単に「実在論の」テーゼであるというよりも、唯物論のテーゼであるのかどうかと尋ねています。もし、私たちが第一章で見出された原化石の問題についての議論をすべて省いてしまうなら、私のテーゼとのその関連性を論じるのは難しくなります。私は、それでも次のように答えましょう。私にとって、唯物論は鍵となる次のような二つの言明を持っています。1.〈存在〉は、（主観性の広い意味で理解される）思考とは分離され、また思考から独立している。2.〈思考〉は〈存在〉を思考することができる。第一のテーゼは、主観的諸属性を〈存在〉へと拡張することを求めるあらゆる人間中心主義と対立します。すなわち、唯物論はアニミズム、スピリチュアリズム、生気論等々の一形態ではないのです。それ〔唯物論〕は、非－思考が現実に思考に先立つこと、あるいは、少なくとも権利上は思考に先立つだろうこと、そして、非－思考が思考の外に存在することを断言します。また、エピクロスの原子の例に従えば、非‐思考はいかなる主観性も欠き、私たちの世界との関係性から独立しているのです。第二のテーゼは、次のような点で唯物論が合理主義（理性にかんするさまざまな定義があるため、再び広い意味で定義される合理主義）であることを肯定します。すなわち、唯物論はいかなるときも、懐疑主義を通じて、宗教的アピールに、神秘に、あるいは私たちの知識の限界に、知識と批判の活動を対抗させる企てであるという点です。

懐疑主義と信仰（faith）は、私たちの有限性にかんするテーゼのうちに収斂し、そこにおいてあらゆる信念（belief）が利用可能になります。逆に、唯物論は、人間存在に彼ら自身の手で、彼らの環境と条件の両方の真理を思考する力を授けます。理性の敵の下で、人間存在はつねに聖職者を発見する方法を知るのです。また、人間存在は何者も理性の敵対者以上に正しくあることを――その敵対者に反論することが許されないかぎり――もはや望めないということを知っています。

私は、これら二つのテーゼに従います。というのも、私は――厳密に議論を通して――私たちから独立した偶然的存在（contingent being）が存在するということを、そして、この偶然的存在が主観的本性を持つ理由は何もないということを主張し、論証するからです。私は同様に、非‐人間的で無機的な実在を記述する数学の使用に基づいた科学的合理主義を基礎づけようとしています。これは、「ピタゴラス化（Pythagorize）」することではありませんし、あるいは〈存在〉が本質的に数学的であると断言することでもありません。それはむしろ、次のようなことを説明するのです。つまり、形式言語は、〈偶然的存在〉から、日常言語が再現しそこなう特性を、捕らえることができるということです。数学についての私のテーゼは、〈存在〉についてのテーゼではなく、形式言語の有効範囲についてのテーゼなのです。私は、気まぐれや「科学者的」な向性（tropism）によって、このことを仮定するのではありません。私は、原化石の問題で、そこには選択肢がないということ、つまり、もし諸科学が意味を持つのだとしたら、そのとき数学はある絶対的有効範囲を持つのだということを明らかにしたからこそ、それを仮定するのです。諸科学は意味を持ちますが、それゆえに諸科学は、それらの数学化された定式化を介して、私たちの人間性から根本的に独立している実在に基礎を置いています。これは、通常の知覚の「質的な（qualitative）」判断と対照をなしています。というのも、質的な判断は間違いなく、私たちが世界とのあいだに持つ感性的な関係と相関するものとして、またこの関係の外では存在（existence）を持たないものとして、考えられうるからです。それゆえ、数学の絶対的有効範囲が設けられなければならないのです。また、私が思うに、これを果たすために私たちがとりうる唯一の方法は、事実論性の原理の派生的有効範囲を通り抜けることです〔7〕。これは『有限性の後で』では手つかずのままだった問題です。同時にそれは、その後に続く思弁的唯物論のプログラムをトレースするという問題です。

質問8　あなたは潜勢力（potentiality）と潜在性（virtuality）という対立的な術語の概念化において、次のようなことを述べています。潜勢力はある確定的な世界を伴って到来し、それは自然法則に従います。一方、〈スーパーカオス〉（Superchaos）は潜在性を伴って到来します。どのようにして、思考することは、思弁に結びつけられた潜在的なものであるのでしょうか？　また、物質（そして自然）にはどのような役割があるのでしょうか？　私たちが後者のような補助的な質問をするのは、〔『有限性の後で』〕一一ページ〔前掲書、一二五―一二六頁〕では物質、生、思考そして正義について語られているのに、一四ページ〔前掲書、三〇―三二頁〕では後者三つ〔生、思考、正義〕のことだけが語られているということに、私たちは気づいたからです。また、私たちがここで自然の概念を導入したのは、スピノザの〔彼の形而上学を伴わない〕自然学とあなたとの明らかな類縁性を関連させてのことです。

そして最後に、思弁的唯物論において展開する媒介的な主観（vectorial subject）は、無矛盾律を保持しながらも、予期しないものを解放するのではなく、むしろ予期しないものを前もって考慮します。観念論から離れて、次のようなことを見ることはとても興味深いでしょう。つまり、どのようにしてこの解放が「いまだ存在（exist）しない」のかということを見ることです。そしてそれは、シクスーやボーヴォワールのようなフランスの偉大なフェミニストたちが、最終的解放をそれほどは強調せず、むしろ積極的に女性性を書くことや思考することを強調するとき、彼女たちがどのように肯定あるいは批判されるのか、ということに特に関連するのです。

メイヤスー　私にとって、物質は「自然」と同一視しうるものではありません。自然はある特定の定数によって確定される一つの世界秩序であり、この定数は私が「潜勢力」と呼ぶこの可能的なものからなる集合を世界秩序そのもののなかで規定するのです。一方、物質は始原的な存在論的秩序です。何かがあるのでなければならず、無——あるいは無としての偶然的存在——はあってはならないということは事実です。異なる法則によって統べられた無限個のあるいはそれ以上の物質的な世界が想像されうるのです。その世界もまた、さまざまな「自然」であるでしょうが、それらは等しく物質的であるのです。物質の第二の性格は否定的なものです。それは非-生命的で思考することのない偶然的な存在を示しています。私たちの世界において、生と思考は、それらが還っていく無機的な物質とい

〔7〕　原文ではisが重複して記されているが、明らかに誤りだと思われる。

う背景の上に構成されます。「物質」がお払い箱になるような、完全に生命的である、あるいは精神的である一つの自然が想像されうるかもしれません。しかしそれでもなお、スーパーカオスの本質的な永遠の可能性がとどまることになります。というのも、純物質的な状態にある偶然的存在によってではなく、そのスーパーカオスによって、あらゆる自然が破壊されうるからです。

唯物論的主観の理論にかんして、私は確かに、純粋な現在の展開(deployment)と行為を同一視することに対して異議を呈すことに関心がありますが、同時に、未来の解放についての先の革命的なモデルに対する批判を繰り返すことにも関心があるのです。しかしながら、現在は、このいまだ来らぬ現在(not-yet-present)への主観の「投射」によって、親密な仕方で構成されると、私は考えています。このことについて私は何もオリジナルなことは言っていません。サルトルはもちろんハイデガーも主観的現在の構成におけるこの未来の構成的次元を主張しています。とはいえ、私はこの投射にまったく異なったある次元を付け加えます。それはすなわち、宗教的超越をまったく欠いているだけでなく、主観の行為にアクセスすることができない次元です――それは、私が実効的に信じている(生者の、そして死者の)根源的な平等主義的正義と、回帰(強烈に欺瞞的な復活)の証明としての永遠回帰とを分節するものなのです。私が関心を持つのは、行為の現在への、そして主観の具体的な変形への、この期待のフィードバックの効果です。

文献一覧

Bryant, L., N. Srnicek and G. Harman eds. 2011. *The Speculative Turn: Continental Materialism and Realism*. Melbourne: re.press.

Foucault, M.（1966/1970）1994. *The Order of Things: An Archaeology of the Human Sciences*. New York: Vintage.『言葉と物——人文科学の考古学』渡辺一臣、佐々木明訳、新潮社、一九七四年。

———. 2003. *"Society Must Be Defended": Lectures at the College De France, 1975-76*. Edited by M. Bertani and A. Fontana. Translated by D. Macey.New York: Picador.『社会は防衛しなければならない』石田英敬訳、筑摩書房、二〇〇七年。

Harman, G. 2011a. "On the Undermining of Objects: Grant, Bruno, and Radical Philosophy," in *The Speculative Turn: Continental Materialism and Realism*, edited by L. Bryant, N. Srnicek, and G. Harman. Melbourne: re.press, 21-40.

Heidegger, M. 1954. "Die Frage nach Technik," in *Vorträge und Aufsätze*. Pfullingen: Verlag Günther Neske.『技術への問い』関口浩訳、平凡社、二〇一三年。

———.（1955-57）1969. *Identity and Difference*, trans. by Joan Stambaugh New York: Harper & Row.『同一性と差異性』大江精志郎訳、理想社、一九六〇年。〔8〕

———. 1960. *Der Ursprung des Kunstwerkes*. Stuttgart: Reclam.『芸術作品の根源』関口浩訳、平凡社、二〇〇八年。

Lyotard, J-F.（1988）1991. *The Inhuman: Reflections on Time*. Translated by G. Bennington and R. Bowlby. Stanford, CA: Stanford University Press.『非人間的なもの——時間についての講話』篠原資明、平芳幸浩、上村博訳、法政大学出版局、二〇〇二年。

Meillassoux, Q.（2006）2008. *After Finitude: An Essay on the Necessity of Contingency*. Translated by R. Brassier. New York: Continuum.

———. 2010. "Que peut dire la metaphysique sur ces temps de crise?" *L'Annuel des Idees February* 5, 2010.

〔8〕原典で言及があるにもかかわらず、文献一覧に記述がないため、本稿では訳者が補填した。なお、原典での言及が英訳のタイトルであることから、英訳版を記載している。

http://www.annuel-idees.fr/2-Que-peut-dire-lametaphysique.html（accessed June 1, 2011）.
Nietzsche, F.W.（1883-1885）1967. *Also Sprach Zarathustra*. Edited by G. Colli and M. Montinari. Berlin: Walter de Gruyter & Co.『ツァラトゥストラ』手塚富雄訳、中央公論新社、一九七三年。

訳者解題

本稿は、Rick Dolphijn and Iris van der Tuin（eds.）, *New Materialism: Interviews & Cartographies*, University of Michigan library, 2012 の第四章に所収されている“Interview with Quentin Meillassoux”の全訳である。邦訳の初出は、「思弁的唯物論のラフスケッチ——わたしたちは如何にして相関の外に出られるか」（黒木萬代訳、『現代思想』二〇一五年六月号、青土社）であるが、書籍化に伴い全体的に修正を施している。

このメイヤスーへのインタビューが収録されている *New Materialism: Interviews & Cartographies* は、そのタイトルからもわかるように、「思弁的実在論」関連の論集ではなく、「新しい唯物論（New Materialism）」の論集である。したがって、インタビュアーは「新しい唯物論」の立場からメイヤスーに問いを投げかけている。冒頭でインタビュアーは、メイヤスーの提唱する「思弁的唯物論」と自らの属する「新しい唯物論」の類似性を本インタビューの動機としてあげているが、その見かけ上の類似性とは裏腹に、インタビュー全体を通して浮かび上がってくるのは、両者の通約不可能性を示唆するようなちぐはぐさであるように思われる。ここでは、このちぐはぐさは何に起因するのかをごく簡単に概観し、解題に代えたい。

「新しい唯物論」の立場に立つインタビュアーは、メイヤスーの「思弁的唯物論」が後期ハイデガーとどのように違うのか、また、「人間の終焉」を宣言したフーコーのアプローチの延長線上に位置づけられうるのではないかといったような質問を繰り出すのであるが、いずれもメイヤスーはバッサリと否定する。そのような質問に対するメイヤスーの返答に共通するのは、一言で言えば、彼らのアプローチは依然として「相関主義」に捕らえられたものであるということである。特に、メイヤスーとインタビュアーとの非‐人間＝モノにかんするスタンスの違いが端的に表れていると思われるのは、質問5に対するメイヤスーの返答である。そこでメイヤスーは、フーコーによる「人間の終焉」の宣言における人間が、あくまでも「人間科学」の一つの対象でしかなく、彼の議論からさらに人間の影を取り除こうとしたところで「相関主義」からは逃れられないということを主張する。これらのやりとりから浮かび上がる考え方の相違は、些か強引ではあるが、次のような両者の思考以前に存在する非‐人間＝モノの捉え方の差異に根ざすものであると推察されうるのではないか。すなわち、メイヤスーが説く「思弁的唯物論」においては、思考（主観）から独立した思考以前の存在が人間とは徹底的に関係なく存在するのに対して、「新しい唯物論」ではその発展過程において人間の身体をモノとして捉え直すことに力点があるがゆえに、そこで想定される人間の思考以前という観点もまた意識以前ではあるものの人間の身体という次元を含んでいるという点である。つまり、「新しい唯物論」が人間身体からモノへと向かうことで（またそれによって人間の中心性を無効化し、そのように脱中心化された人間を含むさまざまな存在者の対等な関係性の豊かさが考え直されることで）議論を発展させたのに対して、メイヤスーは初めからいかなる人間ともまったく無関係に存在するものを想定しているということが（もちろん、メイヤスーの議論においてもモノとしての身体は超越論的主体の発生の条件として非常に重要な意味を持つのであるが）、このインタビュー全体を包む両者のやりとりの微妙なちぐはぐさの一因なのではないか。

以上、粗雑ではあるが、「思弁的唯物論」と「新しい唯物論」との類似性を強調することから始まる本インタビューが、同時に両者の差異を理解するための示唆に富んでいるということの一例を示すよう試みた。読解の一つの観点としていただければ幸いである。

II

潜勢力と潜在性

Potentialité et virtualité

1　解消された存在論的問題

「ヒュームの問題」と呼ばれる因果的結合の基礎にかんする問題もまた、たいていの存在論的問題と同様の運命をたどることになった。すなわち、それを放棄することが前進とみなされる運命だ。そしてこの放棄は、その問題を解決しようとするさまざまな試みが絶え間ない失敗に直面してきたことによって正当化された。だからこそ、ネルソン・グッドマンは、よく知られた論文のなかで[1]、躊躇することなく「帰納法における古い問題の解消（dissolution）」を主張することができたのだ。グッドマンによって展開されたこの解消は、確かにヒュームの問題の存在論的性格にかかわるものであり、そしてその存在論的性格は、この表現を受け入れる者を、その存在自体が証明されなければならない自然の斉一性の原理の要請へと至らせる。「帰納法における古い問題」の解消を結論づけるグッドマンの議論とは、次のようなものである。

・ヒュームによって定式化された帰納法は、根本的には、未来は過去に類似するはずだということを私たちはどのように正当化することができるのかと問うことからなる。

（1）« La nouvelle énigme de l'induction », in *De Vienne à Cambridge*, collectif sous la direction de Pierre Jacob, Gallimard, 1980, pp. 193-213.（ネルソン・グッドマン（雨宮民雄訳）「第三章　帰納法の新たな謎」『事実・虚構・予言』所収、勁草書房、一九八七年、一〇四―一三六頁）

・ところで、グッドマンはヒュームに従って、私たちにはただ単純にそうすることができないと、はっきりと主張する。つまり、この類似性の正当化は、合理的な仕方ではなしえない。

・それゆえ、もう一度論じることができるような形式の下でそれを提示するために、この決定不能な問題を捨て去らなければならない。そして、あらためてこう問わなければならないのだ。私たち、とりわけ科学者たちは、帰納的な推論をするときにどのような規則、あるいはどのような規則の集合を適用しているのだろうか。それゆえこの問いは、もはや未来と過去の類似性を立証することからなるのではなく、隠伏的な規則を引き出そうと試みる際に存在している実践（帰納法）を記述することからなる。このように存在論的問題を解消することは、方法論的かつ認識論的な再定式化を伴う。すなわち、観測可能な定数の必然性を立証しようとする不毛な試みの代わりに、科学者たちが帰納的推論を口にするとき、彼らがたいていの場合、非明示的に適用するその厳密な規則を記述するように努めなければならない、ということである。かくして、帰納法における私たちの確信が習慣に由来するのであって、一貫した推論に由来するのではないという、ヒュームの問題に対する彼自身の解答が、部分的にではあるかもしれないが、基本的には正しかったのだと、グッドマンは考えることができるのである。というのも、帰納法の存在論的原理の正当性をめぐる解答不可能な問題から、心のなかでのその実効的な発生の問題へと移行することで、ヒュームは、このような問題のただ一つの適切な論じ方が、形而上学的根拠を探し求めることではなく、私たちが帰納的推論を引き出すその実効的なプロセスを記述することにあるだろうという直観をすでに持っていたからである。それゆえに、グッドマンはヒュームの歩んだ道に続くことを提案する。ただしグッドマンは、科学のコミュニティにおける実践と手続きを記述するために、ヒュームが自らに課した個体の自発的な振る舞いの心理学的な記述（彼によれば、私たちが帰納的推論を信頼するのは、現象が繰り返されることで、ますます強烈にその繰り返しを信じるようになる私たちの能力ゆえである）は放棄するのだが。

簡潔に言えば、帰納法にかんする問題の解消は、二つの側面を含んでいる。

・解くことができないとみなされる問題を放棄するという消極的な側面。
・問題の再構成、あるいは再定式化という側面。この側面は、事象と事象のあいだに必然的結合のようなものは存在するのか、という存在論的な問題を問うことから、科学的な帰納的推論を遂行する実効的な実践の記述に専念するために、あらゆる存在論的な問題を撤退させるような問いへと移行することからなる。

2　問題の析出（précipitation）

私の議論の目的は次の通りだ。それは、今まで無視されてきた、あるいは少なくとも無視されてきたように思われる、帰納法の存在論的問題を解決する一つの道があると主張することで、ヒュームの問題の解消、より正確に言えば、帰納法の問題を存在論的に定式化することの放棄に対して異議を唱えることである。それゆえ、問題を解消するための論証の第一段階、第二段階（新しい問題の再構成）の前提となる第一段階、すなわち解決不可能だから帰納法の存在論的な問題は放棄されるべきだという命題にのみ、私は介入するつもりだ。

法則の必然性にかんする存在論的な問題への道を再び切り拓くために、私たちはこの法則の必然性の存在論的な問題をヒュームによって提起された問題から区別しなければならない。というのもヒュームの問題は、実のところ、まったく一般的な仕方で理解された〔存在論的な〕問題についての、すでに一定の方向づけがなされた特殊な定式化となっているからである。

ヒュームの問題の定式化とは、すなわち次のようなものである。私たちは、継起する出来事のあいだに観察される結合の実効的な必然性を証明できるだろうか。したがって、ヒュームとグッドマンの両者が持つ前提は、もしそれを証明することができないとすれば、そのときは、いわゆる実在的必然性（言い換えれば、いわゆる論理的必然性に対立するものとしての諸法則の必然性）についてのいかなる存在論的な論じ方も失敗する運命となり、結果としてそれは放棄されなければならないということを肯定することにある。私は、法則の必然性の存在論的な取り扱いは失敗であるという、ヒュームとグッドマンによる判定を受け入れると同時に、しかし、そのことから法則の必然性の問題へのすべての存在論的な道が不適格であると帰結されることに対して、異議を唱えることは可能であると主張する。なぜなら、一般的な形で定式化された実在的必然性の存在論的な問いは、ヒュームの定式に与することはなく、むしろ次のようなものであるからだ。すなわち、観測可能な定数は実効的な必然性であるのか、あるいは必然性の実効的な不在なのかということは、論証的な仕方で決定可能であるのか。あるいはまた、未来は過去に類似しなければならないにせよ、未来は過去に類似しないことが実効的に可能であるにせよ、いずれかを正当化する方法はあるのか。後者の場合、論証すべきことは、観測可能な法則が将来も同一性可能な法則が将来実効的に変化するはずであるということではなく、観測可能な法則が将来も同一性を保持し続けるということは実効的に偶然的であるということである。したがって、この観点は、法則が変化することの必然性を主張するいかなる見解からも区別されなければならない。というのも、そのような見解はヒュームによって想定された解決の一つの変奏となるからである。つまり、この法則の変化とは、まさにそれが必然的である限りにおいて、再びより高次の意味を持つ法則を想定してしまうだろうということである。それはすなわち、現行の定数の来たるべき変化を支配する、それ自身は不変な法則である。かくして、その高次の法則はただ単にそれ〔法則の変化〕を一段階後退させ、自然の斉一性の観念へと送り返すことになるだろう。

反対に、私が説く存在論的な道は、それら定数がいかなる理由もなしに、またしたがっていかなる必然性も持たずに、実効的に変化することができるということを想定することが、合理的に可能であると主張することからなるだろう。つまり、私が今から強く主張するように、この存在論的な道は、現在の法則から思考しうるすべての未来を含むことになるあまりに根源的な偶然性（contingence）を想定するように導くことになるだろう。そして、そのすべての未来のうち、一つの未来は現在の法則の変更の不在からなる。したがって、法則に従属する出来事についてだけではなく、法則それ自体の根源的な偶然性の実効性を正当化しなければならないだろう。そのときこの法則は、それ自体究極的にカオス的な生成――すなわち、いかなる必然性によっても統べられることのない生成――の偶発性〔出来事性〕（éventualité）に従属する事実的な（factuel）定数に帰されることになる。

まず、そのような見方が意味することとそれが促すことを確実に把握しよう。帰納法の問題は、それが法則の必然性の実効性にかんする問題として定式化されるやいなや、理性の挫折を告白することとなる。なぜなら、定数が変化するという逆の仮説のなかにいかなる矛盾も見出されえないからである。というのも、理性は、無矛盾性という純粋に論理的な必然性に抵触するもののみをア・プリオリに禁止することができるように思われるからだ。ただしこの場合、理性の命令によって実効的に支配される世界は、そのような論理的な命令によってのみ支配されることになる。さて、この理性の命令は、矛盾のないものは何であれ実効的に起こりうる（起こらなければならないではなく）という考えを課すのだが、このことは、あらゆる因果的必然性に対する明確な拒絶を含意する。なぜならそれとは反対に、因果性は、等しく思考可能な（concevable）さまざまな出来事のうちで、ある出来事が、その他のものに比べて、より存在しなければならないという考えを含意するからである。しかし、もしそうであるとすれば、そのとき私たちは、合理的な世界において、すべての事物は実効的に存在理由を欠いていなければならないということを認めねばならない。論理によって完全に統治された世界は、実際に、論理によってのみ統治されることになるだろうし、その帰結として、別の仕方で存在するということよりも、このように存在するということの存在理由を何も持たないような世界となるだろう。というのも、そのように別の仕方で存在することの可能性において、いかなる矛盾も見出されえないからである。したがって、〔この世界における〕すべての決定は、変更の余地があることになる。ただし、そのような変更には、いかなる究極的な理由も与えられえないであろう。なぜなら、その場合、最終原因が想定されたとしても、それを等しく思考可能である他のものよりも正当であるとすることは不可能であるからだ。しかしながら、そのような世界とは一体どのようなものだろうか。それは、ライプニッツの術語で言うなら、充足理由律（principe de raison）から解放された世界、すなわち、すべての事物はこのように存在し他の仕方では存在しない何らかの理由を持つという原理から解放された世界だろう。つまり整合性（consistance）という論理学的な要求は維持されるが、持続性（persistance）

の形而上学的な要求は維持されないような世界である。

ヒュームが発見したことは、私たちの解釈によれば、このように、完全に合理的な世界はまさにそれ自身によって完全にカオス的なものになるだろうということなのだ。すなわち、そのような世界は、法則の必然性への非合理な信仰が根絶されてしまった世界であって、というのも、そのような信仰はまさにその内容において合理性の本質をなすものに対立しているからである。したがって、私たちの仮説が反対されるなら、実在的必然性によって論理的必然性が補われることになるし、仮に無矛盾性と現行の定数の両者によってその〔仮説の〕可能性が二重に制限されるなら、そのとき、理性では明らかに解くことができないような人為的な謎が作り上げられることになる。というのも、このような〔私たちの仮説と対立する〕仮説は明らかに、いかなる論理ともまったく無縁である必然性を作り出すことになってしまうからだ。したがって、充足理由律は非合理性が持つもう一つの名である。そして、充足理由律を否定することは、理性と縁を切る手段であるどころか、私の考えでは、再び理性を哲学的に実現するまさにその条件なのである。充足理由律の否定は、理性を否定することではなく、充足理由律が何ものにも補われなくなるやいなや現れる、理性の根本原理〔無矛盾性〕が内蔵しているカオスの力を発見することなのである。――そのときそれは、まさに「合理的なカオス」という冗長な表現をとるものになる。

ところで、このような観点は同様に、「形而上学の終焉」という表現にもう一つの意味を与える。すなわち、明示的であるかどうかはともかく、形而上学が本質的に充足理由律の措定に結びついているのだとしたら、形而上学は、ハイデガーがそうしたように、理性の達成としては理解されえないのであって、むしろ実在的必然性によって成就されるもの、あるいはまた私が合理的な必然性の物象化

(la réification de la nécessité rationnelle) と呼ぶものによって実現されるものとして理解されることになる。この観点において、私は、形而上学を、実在的必然性のあらゆる措定と解するつもりである。すなわち、この世界における、すべてあるいはいくつかの確定的な状態が必然的であるという措定は、形而上学である(確定作用は、他の等しく思考可能なものからある一つの状況を差異化することを許すような特徴として定義可能である)。したがって、〔ここで理解された意味での〕形而上学は、なぜ事物がかようであらねばならず、それ以外ではないのかということ(すなわち、なぜかような個体、かような法則や、かような神(神々)や、かようなものであって、この他の個体や、この他の法則や、この他のものではないのかということ)を明らかにすることが可能であり、また、そこではそれこそが理性の仕事であるということを主張することになるだろう。

3 存在論的な再定式化

目下のところ、問いは次のようなものだ。自然の定数における変化の実効的な可能性が受け入れられたとしても、帰納法の問題それ自体は取り除かれていないのではないか。換言すれば、法則の必然的な恒常性という考えが退けられても、ヒュームの問いは、解決されるべき問題として、より正確に言えば存在論的な問題としてもう一度立てられうるのではないか、という問いである。そして答えは、確かにその通りである、だ。

私は、〔自然〕現象の定数はそれが一定であることのいかなる理由も持たないということを確かに肯定する。したがって私は、これらの法則が実効的に変化しうると主張する。それによって、帰納法において通常問題となることが回避される。すなわち、過去の経験に基づいて、法則の未来の恒常性を論証するという問題である。ところが、その問題と少なくとも同程度に手強いであろうある別の困難に出くわすことになる。それは、もし諸法則が恒常的であるいかなる理由も欠いているのだとすれば、なぜ各瞬間ごとに法則は変化しないのか、というものである。確かに、ある法則が純粋な偶然性によって存在するものだとすれば、それは各瞬間ごとに変化することができなければならないだろう。そのとき、宇宙法則の永続性（perdurance）は確率のあらゆる原則を打ち砕いているように思われる。なぜなら、法則が実効的に偶然的であるならば、それはそのような変わりやすさを、頻繁に（fréquemment）表明しなければならないように思われるからだ。法則の持続（durée）がいかなる必然性にも依拠していないのであれば、確かにそれは、そのたびごとに法則を継続するか、あるいは廃止するかを決定する絶え間ない「骰子一擲（coup de dés）」の働きにほかならない。このような観点からすると、法則の明らかな永続性は確率論的な外れ値となる。そして、まさしくそのような法則の変更がまったく観察できないからこそ、帰納法に取り組んでいる者たちにとって、このような仮説は真剣に考察するにはあまりにも不条理なものに思われるのだ。

したがって、帰納法の存在論的問題を新たに立て直すための戦略は、次のようなものとなる。

1. 私たちは、真剣に探求されてこなかった存在論的な道が存在するということを主張する。その道は、自然の斉一性を論証するのではなく、この世界におけるあらゆる事実的な出来事と同様に、あらゆる定数も変化を被るという正反対の可能性を論証することからなる。――そして、この道においては、いかなる上位の理由も〔そのような定数の〕変化を統べることはない。

2．私たちは、次のことを主張する。以上のような解決のための一つの選択肢を検討することが拒否されるならば、それは、法則のあらゆる偶然性が経験のなかで顕現しなければならないと主張することからなる非明示的な確率論的推論に基づいてのことである。これは、法則の偶然性と法則の頻繁な変更とを混同することに等しい。

3．この道を歩むことで、私たちは、今日において広く支配的である認識論的な見方に賛同して存在論的な見方を放棄することなく、ヒュームの問題を再定式化する方法を手にする。帰納法の問題を解決するための第一歩は、すなわち、法則の偶然性を拒絶するということの源にある確率論的推論の正当性を否定することである。より正確に言えば、法則の偶然性から法則の変化の頻度（したがってその観測可能性）へ至るその帰結において何が間違っているのかを示さなければならないということだ。これは、確率を法則の偶然性に適用することを否定することに等しく、したがって以下のような有効な概念的区別を創出することになる。すなわちそれは、この根源的な意味で理解される偶然性〔の概念〕と確率の法則に従属する運＝偶然（hasard）として考えられた通常の〔意味で理解される〕偶然性の概念とのあいだの区別である。というのも、そのような区別が創出されるのであれば、法則の現象的な安定性が法則の必然性を想定するように強いると考えることは、もはや不当なものになるだろうからだ。このことは、大した困難を生じさせることもなく、実在的必然性なしで、またしたがって、それがもたらす解決不可能と想定されるさまざまな謎なしで済ませることができるということを論証可能にするだろう。

要約すれば、ヒュームの問題は、運＝偶然（hasard）と偶然性（contingence）とのあいだの差異の問題となるのである。

4　運＝偶然と偶然性を区別する原理

もし〈自然〉法則が変化しうるなら、それらが頻繁に変化しなくてもよい理由を論証することは、次のようなとき、確率論的推論の正当性を剥奪することになる。すなわち、自然法則に従う出来事に対してではなく、自然法則それ自体に対して確率論的推論が適用されるときだ。そして私の考えでは、これが確率論的推論の正当性の剥奪を可能にする方法なのである。確率論的推論をある特定の現象に適用することは、その内部で数値計算が生じうる可能的事象の宇宙が与えられているということを前提とする。たとえば、その可能的事象の集合は、サイコロやコインといった対称的で均質であると想定される対象によって与えられる。あなたがそのような〈確率の〉計算の手続きを適用するサイコロやコインがいつも同じ面を出すならば、結局あなたは次のように主張することになるだろう。すなわち、その現象が現実に偶然的であると信じるということは、とてもありそうにないことであると主張することになるのだ。つまり、あなたのサイコロやコインは、細工されているがゆえにすべての幸運（chance）を手にしている。言い換えれば、それらの幸運は、ある法則――たとえば、あなたのサイコロのなかに隠された鉛の玉に適用される引力法則――に従っているのである。そして、これは、法則の必然性のために支持される推論と相似である。すなわち、諸法則は、さまざまな面が諸々の可能世界からなる集合を表象する〈宇宙サイコロ〉の面と同一視されるのである。そしてそれは、先ほど見た事例と同様に次のように主張されるためだ。それらの法則が偶然的であるなら、私たちは「面」の頻繁な変化、すなわち、物理世界が頻繁に変化することに立ち会ってきたということになるはずではないか。しかし、それとは反対に、「結果」がいつも同じであるからこそ、その結果は、観測可能な法則の恒常性の起源に隠されている必然性の現前によって〔鉛の玉で〕『細工』されているのでなければならない。まとめよう。まず、ある可能的事象の集合を用意することから始める。それぞれの事象は、他の諸世界が運命＝抽選（sort）によって選ばれるのと同じだけの幸運を有している思考可能な（concevable）ある世界によって表象される。そして、このことから次のように結論される。すなわち、隠された必然性が密かにその結果を統御したのではないとすれば、私たちのただ一つの宇宙が、運＝偶然によって、そのような可能的事象の集合から絶えず引き出されているということは、限りなくありそうにないことだろう、と。[2]

さて、私の考えでは、以上の推論が正当化されないとすれば、それは、そのなかで確率の考えが相変わらず用いられることになるような諸々の可能的宇宙の集合を構成するいかなる手段も、本当のところ存在していないからだ。実際、〔可能的〕事象の宇宙を確定するためのただ二つの方法は、経験に訴えること、そしてその可能世界の集合の濃度（cardinalité）（「サイズ（taille）」）をもたらすことができる数学的構成に訴えることである。しかしながら、これら二つの道はここで等しく塞がれる。経験的な道について言えば、ライプニッツの神でもない限り、可能世界の集合〔の全体〕をじっくりと見渡したことがある者は誰一人としていないということは明らかだ。しかし、純粋に理論的な道も同様に不可能である。なぜなら、ここでの傾向は、無限個の可能世界があるということ、言い換えれば無限個の論理的に思考可能な世界があるということを肯定することだからだ。そしてそれは、ただ一つの恒常性はまったくもってありそうにないものであるという確信をさらに強化するだけである。しかし、私たちが言うところの「確率論的詭弁（sophisme probabiliste）」が持つ受け入れ難い暗黙の前提が潜んでいるのは、まさにこの点なのだ。というのも、私は次にこう尋ねるからだ。そのとき、どの無限が論じられていると主張されるのか。実のところ、カントール以来、私たちは無限が多（multiple）であること、つまり、異なる濃度――離散的な無限と連続的な無限のような、「大きさ」の大小――からなるということを知っている。そして、これらの無限が閉じることが不可能な多をなすからこそ、集合全体の集合は、矛盾することなく、想定されえないということを知っている。カントールの革命とは、すなわち、無限が差異化されうると考えたこと、つまり、二つの無限のあいだの同値性あるいは非同値性が思考されうると考えたことである。すなわち、二つの無限集合は、それらのあいだに一対一対応（une correspondance biunivoque）が存在する場合、等しい。言い換えれば、一方の集合のすべての要素に、他方の集合の一つ、そして唯一の要素を〔それぞれ〕対応させる全単射（une fonction bijective）が存在する場合、等しい。もしこのような対応が存在しないのであれば、二つの無限集合は等しくない。さらに、考えられる無限がどのようなものであれ、必然的にそれを上回る濃度を持つ無限（「より大きな」無限）が存在するということを証明することができる。それには、当該の無限集合の部分集合からなる集合〔べき集合〕を構成するだけでよい（そしてそれはつねに可能である）。このよ

（2）　私に法則の必然性に対する確信が確率論的性質を有していることを理解させたのは、ジャン＝ルネ・ヴェルヌの著作『偶然理性批判』（Jean-René Vernes, *Critique de la raison aléatoire*, Aubier, 1981）である。ヴェルヌは、実際に、そのような議論によって、コギトの唯一の表象＝再現前化（représentation）の外部に実在（réalité）が存在することを証明しようと試みる。というのも、それだけが、単なる思考によっては立証されえない経験の連続性を説明できるだろうからだ。

うな観点において、他のいかなる無限も超えることができないような最終的な無限を考えることは不可能になる(3)。

ところでこの場合、私たちは、先述の確率論的推論がそこでその意味を見出すようないかなる集合も、(そのような事象の宇宙の存在を、特定の理由に基づかせて)正当に再構成することはできない。なぜなら、経験的であろうと理論的であろうと、他の無限よりもその無限を選ぶ理由は何もないからであり、また、私たちは、すべての可能的事象の絶対的な全体を構築することに対して、もはや理由を与えることができないからである。したがって、このことはまさに、法則の偶然性から法則が変化する必然的な頻度を推論することが、間違っているのだということを意味している。そして、現行の恒常性が、必然性を欠きながらも同じままであり続けることは、不条理ではない。なぜなら、可能的で、カオス的でさえある(理由を欠いた)変化という概念は、頻繁な変化という概念から解放されうるからだ。今や、偶然的であるがあらゆる確率の彼方で安定している法則を考えることができるのである。

しかしながら、そのような解決の戦略には二つの可能なバージョンがあるということを付け加えなくてはならない。それは以下の通りである。

・「弱い」バージョン、私たちが言うところの批判的なバージョン。それは、偶然=確率的な推論(raisonnement aléatoire)を、法則自体には適用せず、確率的な仕方で法則に従う事象〔だけ〕に(すなわち、計算が構成される宇宙を確定する定数に従う観測可能な出来事〔だけ〕に)適用するよう、制限することからなる。これによって、実在的必然性の不在が肯定的に論証されることはないが、実在的必然性の仮定が世界の安定性を説明するのに役立たないということだけは論証されうる。したがって、そのような〔偶然的でありながら安定的である法則という〕仮説が常軌を逸したものであると結論づける確率論的推論を不適格なものとみなすことで、偶然的だが無制限に安定した法則の理論的な可能性を強調することで満足することになるだろう。二者択一の二つの術語――実在的必然性と法則の偶然性――は等しく論証不可能である以上、第二の仮説を選択することの発見的な利点が喚起されることになるだろうが、それは、そのような第二の仮説が、自然の斉一性への疑われることのない信念に関連した、いくつかの古典的で思弁的な謎を消滅させるだろうということを示すことによってなされるのだ。

・「強い」バージョン、すなわちヒュームの問題に対する回答の思弁的なバージョン。それは、法

（3）ある集合の部分からなる集合〔べき集合〕は、その集合の部分集合〔下位集合〕（sous-ensembles）からなる集合、つまりその集合の要素の可能な再グループ化からなる集合である。三つの要素（1, 2, 3）を含む無限集合を例にとろう。そのとき、その部分からなる集合は次のようなものを含む（すべての集合の部分である空集合は除く）。すなわち、その集合の要素単体からなる「最小」の部分集合である（1）、（2）、（3）、ついで（1, 2）、（1, 3）、（2, 3）、そして（1, 2, 3）だ。この最後の部分（1, 2, 3）は、その集合の最大の部分集合とみなされ、当該の集合と同一である。この二番目の集合〔（（1）、（2）、（3）、（1, 2）、（1, 3）、（2, 3）、（1, 2, 3））〕は一番目の集合〔（1, 2, 3）〕より大きい（より多くの要素を持つ）ということが、明らかに確認される。このことは、無限集合の場合を含めて、つねに成り立つことが証明されうる。つまり、どんな無限集合に対しても、それより大きい濃度の集合を構成することができるのだ。これは、〔先の無限集合の〕部分からなる諸集合を含む無限集合である。しかし、この構成は、この新しい無限集合にも同様に適用され、そしてそれは際限なく続く。公理的集合論のわかりやすい導入としてLaurent Schwarz, *Analyse I*, Paris, Hermann, 1991（L・シュヴァルツ（齋藤正彦訳）『解析学Ｉ　集合・位相』、東京図書、一九七〇年）を参照のこと。私にとって集合論の哲学的重要性にかんする参考図書はいまだアラン・バディウの著書『存在と出来事』（Alain Badiou, *L'être et l'événement*, Paris, Seuil, 1988.）である。

則の偶然性を肯定的に主張することからなるだろう。このような道は、上述の観点に固有の発見的な議論から得られた偶発的なものを、その利点のうちに組み入れることになるのだが、さらに進んで、このような偶然性を思考可能にする多のカントール的な非－全体化（intotalization）の実効性を立証することを主張するところまで行くことになるだろう。

私の計画の概要は、批判－発見的道（voie critico-heuristique）で満足するのではなく、〔批判哲学によって禁止されているにもかかわらず、物自体について語ると主張する〕思弁的な道を復活させることである。ただし、〔その思弁的な道の復活において〕形而上学を復活させること（つまり実在的必然性の絶対化）はしない。ここでそのような道の素描をすることはできないので、批判－発見的道の主要な側面を取り出すことで満足することにしよう(4)。

5　非－〈全体〉（non-Tout）の存在論的帰結

したがって、次のような見方が採用される。まず、事象の非－全体化の存在論的な実効性が仮定されることになる。次に、生成という用語に対するこのような仮説の帰結を引き出し、また実在的必然性の妥当性という逆の仮説に対するこの仮説の思弁的優位性を検討する。

そうするために、完全な定義ではないにしても、その最小条件をなすものに法則という用語を制限することから、法則の偶然性という用語を再考することにしよう。つまりその最小条件をなすものとは、有限であれ、無限であれ、可能的事象からなる確定された集合である。ある法則は、決定論的なものであれ、偶然＝確率的なものであれ、いずれにせよつねにラベルづけされた事象（cas répertoriés）からなるある特定の集合を参照する(5)。そして、私たちは、そのただなかで法則それ自体が偶然的であるような生成の意味を取り出そうと試みるつもりである。このことは、このような考えを、生成は不変の法則によって規定されることでのみ思考可能となるという伝統的な見解と比較することによってなされることになる。

決定論的にせよ、偶然＝確率的にせよ、あらゆる合法則性の公準は、世界を権利上はラベルづけできる可能的事象からなる宇宙と同一視する。つまりそれら〔可能的事象〕は、それらの偶発的な（éventuelle）発見より先に存在し、この宇宙の潜勢力（potentialité）をなすのである。想定される法則が確率的とみなされようと、決定論的とみなされようと、いずれにせよその法則は、いかなる生成によっても変更されえないと想定される可能的事象からなる、あらかじめ与えられた集合を課す。したがって、

（4）私は、エリプス出版から公刊されている、あるカンファレンス（ナンテールでのフランシス・ウォルフ（Francis Wolff）による講義録、"Positions et arguments", 2001）のなかで、思弁的な道の可能的な原理を説明している。

（5）私は言うまでもなく、ある法則がある可能的事象の集合に実効的に還元されると主張しているのではなく、あらゆる法則の条件は、「実在的」な可能的なものからなる確定された集合が、単純に論理的である可能的なもののなかで区別されるという仮定からなるということを主張しているのである。したがって、私の議論は「最小（minima）」だ。私は、諸法則それ自身を諸法則の〈宇宙〉（さまざまな法則によって確定される可能世界の集合）の事象にすることを許すような集合が存在するとしか考えられないということに、異議を申し立てる。事象からなる確定された集合の定義であるあらゆる法則の、この最小条件ですら尊重されていないがゆえに、このことは、ある法則に従う出来事と同じ仕方で、そのような諸法則を考えるあらゆる試みを、なおさら不適格なものにする。法則という用語にかんする最も重要な現代の議論、A. Barberousse, P. Ludwig, M. Kistler, *La philosophie des sciences au XXe siècle*, Paris, Flammarion, 2000, chap. IV et V を参照のこと。

生成を支配する根本的な運＝偶然（hasard fondamental）を肯定することは、このような生成の本質的な不変性に異議を申し立てないどころか、逆にそれを前提とするのだ。なぜなら運＝偶然は、一度限りで確定された事象からなる宇宙を前提とすることでのみ働くことができるからである。運＝偶然は、時間に、「檻のなかの自由」としての可能性、すなわち初期宇宙によって許された事象のうちの一つが理由もなく到来する（avènement）ということとしての可能性を与える。しかしこの自由は、定義された集合に属していない事象を生じさせるために、そのような一つの〈宇宙〉（Univers）から抜け出すという自由ではない。世界の偶然＝確率的なヴィジョンにおいては、法則によって許された出来事の継起は一義的な仕方で演繹されえないが、権利上、これらの出来事は全体のなかでラベルづけされうる。——たとえ、実際には、出来事の見かけ上の無限によって、それらを再び集めることの決定的な終わりが永久に禁じられているのだとしても、そうなのだ。私たちの術語で言うなら、世界の偶然＝確率的な合法則性へのこのような信念は、運＝偶然の形而上学を作り上げることになる。そこで運＝偶然は、時間がそのなかで確定された順序なしに揺れ動く自由を見出す、諸々の出来事からなる固定的集合が、あらかじめ与えられているとみなすような法則の公準を前提としている。運＝偶然に対する信念は、形而上学的な信念であることを避けられない。というのも、それは、確率的だが決定的な法則の事実的な必然性に対する信念が組み込まれているからであり、それでは決定論的と想定される法則の必然性以上の説明をすることが不可能だからだ。

根本的な前進を装いながらも、ギリシャ時代以来、生成についての唯一の同じ考えがいつも私たちに押しつけられてきたように思われる。すなわち、時間とは、可能的なものからなる一つの永遠的な集合の現実化でしかない、つまりそれら自身は生成にアクセスすることができない〈観念的な事象〉

(Cas Idéaux) の現実化でしかないという考えである。――この生成は、偶発的な無秩序のなかに可能的なものを配置すること以外に「力」(あるいは「無力(impuissance)」)を持っていない。もし近現代性が、コイレの表現にしたがって、閉じた世界から無限の〈宇宙〉への移行として伝統的な仕方で考察されるとしても、近現代性がある本質的な点で、いまだにギリシャ形而上学を捨て去れないでいることに変わりはない。その本質的な点とは、世界はそれが有限なものであれ、無限なものであれ、法則によって、すなわち〈全体〉によって支配されているということである。そしてそのことの持つ本質的な意味は、時間が可能的なものからなる集合に従属しているということにある。つまり時間は、その可能なものを実現することができるだけであって、変更することはできないのだ。

ところで、ギリシャ時代と近現代に共通する以上のような決定こそが、私たちが抜け出さなければならないものである。そしてそれは、可能的なものを脱-全体化すること(détotalisant)によって、また、法則に従属する時間をその運命から解放することによってなされる。したがって、無限についてのカントールの考えが存在論的に正当であると仮定することで、私たちは無限と〈全体〉を区別する。なぜなら、可能的なものからなる無限性は、もはや可能的なものを汲み尽くすことには帰されえないからである(というのも、どの無限集合も確定的な濃度を持っており、そしてそれは、他の無限集合によって上回られうるからだ)。この帰結から、潜勢力(potentialité)という用語と潜在性(virtualité)という用語を明確に区別することの可能性が導かれる。与えられたある法則(偶然=確率的であるにせよ、そうでないにせよ)の条件下にある、可能的なものからなるラベルづけされた集合において、いまだ現実化されていない事象のことを潜勢力(potentialité)と呼ぼう。そして、最初に与えられた諸条件に基づいて一義的に確定することができるいかなる具体例(instance)も存在していないような潜勢力のあらゆる現実化を運＝偶然（hasard）と呼ぶことにしよう。それに対して、私が偶然性（contingence）と呼ぶのは、それ自体は事象の諸集合からなる集合の事象ではない（そして、あるラベルづけされた集合に属する事象ではない）事象からなるラベルづけされた集合の性質である。また、私が潜在性（virtualité）と呼ぶのは、可能的なものからなるあらかじめ構築されたいかなる全体によっても支配されない生成のただなかで創発する事象からなる、あらゆる集合の性質である。

要するに、私は、法則が確定的事象の宇宙と関係づけられうるということを指摘しているのであり、また、事象の諸宇宙からなる〈宇宙〉（Univers des univers de cas）が存在しないことを、そして時間は、可能的なものからなるあらゆる無矛盾な集合を創発させることができるということを指摘しているのである。このことから、私は時間に、私たちが与り知らない可能的なものからなる固定的集合のうちに、「潜勢力的に」は含まれていなかった、新しい法則を創発させる能力を与えることになる。すなわち、私は時間に、先行する状態にはまったく含まれていなかった状態を創発させる能力を与えることになるのだ。要するにそれは、新しい事象を創造することであって、それらの事象の〔創造の〕閃光（fulguraion）に先立って、遥か昔から存在しているような潜勢力の単なる現実化ではない。私たちが、生成は、単に可能的なものからなるあらかじめ与えられたある宇宙から事象を創発させることができるだけでなく、事象の諸宇宙からなる一つの〈宇宙〉のなかにあらかじめ与えられていない諸集合それ自体を創発させることができると考えるならば、〔そのとき〕私たちは、そのような事象が、まさしく無から（de rien）、突如出現すると考えているということが、確かによく理解されなければならない。というのも、いかなる構造も、事象が創発するよりも前に、そのような事象を永遠なる潜勢力として含んではいないからである。したがって、私たちはその純粋内在にゆだねられた時間性という概念そのものを無から（ex nihilo）突如出現させるのである。

説明しよう。もし、いかなる確定的な法則にも、言い換えれば、可能的なもののいかなる固定的集合にも付随して生じないような時間性の様態において生成が思考されるならば、またもし、ある法則から他の法則への偶発的な移行を、それらの様相を決定することになる、より高次の法則に従属させることなしに、諸法則それ自身が時間的な出来事であるとされるならば、このように理解された時間はいかなる非‐時間的な原理によっても支配されない。そして時間は、そのカオスの純粋内在、すなわちその非合法則性の純粋内在へと引き渡されるのである。しかしこれは、ヒュームが最初に主張したことと同じように、ある確定的な状態から続いて起こる状態は、すなわち矛盾することなく想定可能な異なる未来の無際限な多様性は、決してア・プリオリに推論されえないということを強調する別の方法でしかない。ヒュームのテーゼをカントールの非‐全体のテーゼに接続することで、あらゆる必然性とあらゆる確率の外で、先行する状態にはあらかじめまったく含まれていない状態を、創発させることができる時間が姿を現すのを、私たちは目にする。というのも、このような見方に従えば、現在は決して未来をはらんでいないからだ。私たちがあとで再び立ち返ることになるそのような創発の範例は、当然、物質から直接に感覚能力を備えた生命が出現したということである。ファンタジーでもない限り、物質にこの感覚能力の胚芽を与えることなどできないのであって、この感覚能力は、生命の到来の条件に還元することができない余剰（surcroît）としてのみ思考されうるものである。

時間が非‐全体のモデルに従って姿を現すのだとすれば、時間は次のようなことをなすことができる。〔第一に、〕いかなる理由もなく、事象からなる一つの宇宙、すなわち自然法則の一つの設定（configuration）を維持すること。時間は、自然法則のなかで、繰り返し現れる状態からなる確定的な集合をラベルづけることができるのであり、それによって「潜勢力」が構築されるのである。〔第二に、〕つねに理由なく、その古い宇宙を削除すること。あるいは、先行するものにも、そこで遥か昔からその存在の諸々の可能性が配列されているようないかなる別の〈基体〉（Substrat）にも、あらかじめまったく含まれていなかった事象からなる宇宙によって、その古い宇宙を補うこと。したがって、まさに次のようなことが把握されなければならない。すなわち、可能的なもののあらかじめ構築された〈全体〉（Tout）の不在によって、先行する状態のなかでは何ものによっても予期されなかったある可能的なものの創発が、いかなる上位の秩序もその上に切り立つことのない時間の顕現（manifestation）そのものとなるということである。つまり、それらの前提に還元不可能な余剰のあらゆる創発は、合理的な生成を超越する秩序の介入を示すどころか、厳密に正反対のもの、すなわち何ものにも超越されない生成の顕現となるのである[6]。

したがって、「潜勢力主義」（あらゆる可能的なもののなかに一つの潜勢力だけを見るという立場）の場合、時間はすでに可能であったものが実在する事象になる際の媒介でしかありえないだろう。そのとき時間は、サイコロが私たちにそのいくつかの面のうちの一つを示すような投擲である。しかし、それらの面が私たちに提示されるためには、それらの面が投擲よりも先に存在するのでなければならない。その投擲はそれらの面を示しはするが、それらの面に目を彫り刻むわけではないのである。反対に、私たちの見方では、時間とは、投擲がサイコロの面を運動のなかに置き入れることでしかないのと同じように、可能的なものを運動のなかに置き入れることではない。時間は、時間が可能的なものを生じさせるまさにその瞬間に可能的なものを創造するのだ。時間は、実在的なものと同様に、可能的なものをも創発させるのである。そして時間は、潜勢力的なものの不変性と決別する第七の事象

〔第七の面〕、すなわち権利上予見不可能なものを出現させるために、そのサイコロの投擲のなかにさえ入り込むのだ。時間は、サイコロを投げるが、それはサイコロを粉々に砕くためであり、また可能的なもののあらゆる計算の外で、それらの面を増殖させるためなのである。現実的な出来事は、たとえそれらがいまだ存在していないとしても、それらを予示する可能的なものの幻影によって二重化されることをやめて、純粋な創発として理解されるようになる。そして、この純粋な創発は、それが存在するより前にはまったくなかった、あるいは繰り返しになるが、その存在に先立って存在することはなかったものである。

他の言い方をすれば、思考可能なものを非-全体化するというカントール的な決定の合理性に依拠

（6）より明確にするために、潜勢力と潜在性の区別は、それが時間性に対する私たちの認識的関係における差異を本質的に指示する限りにおいて、存在論的というよりはむしろ認識論的（gnoséologique）である、と言うべきだろう。実際のところ、すでに知られた事象の宇宙の永続化（法則の恒常性）もまた、潜勢力の用語において、あらゆる考察から逃れる。というのも、可能的なものからなる確定的集合の内部で潜勢力が確定されうるのなら、確定的法則の時間における維持は、潜勢力（他の可能的事象からなる集合のなかにある、一つの可能的事象）の用語において、それ自身評価しえないものであるからだ。たとえ起こる事象がすでにラベルづけされていても、それは、ただ可能的なものからなる古い集合を保持するという予見不可能で起こりそうもないような条件の下でのみ、起きうるのである。結局のところ、その潜勢力はその法則の潜在的な反復と同一視される。なぜなら、〈宇宙〉の不変性は、非-全体性を背景にして、同じ〈宇宙〉の事実的な再創発と同一視されうるからだ。しかし、いかなる上位の秩序にも従属しない、時間の潜在化する力は、過去と現在のあいだのあらゆる連続性に違反するような新しいものが創発するとき、見出される、あるいは再度現象化される。したがって、過去に対する現在のあらゆる根源的な断絶が、生成のカオス的な力の上に切り立つことができるような秩序が存在しないことの表明になる限りにおいて、あらゆる「奇跡」は神の不在（inexistence）の表明となる。

した、潜在性という用語は、無からの突如の出現を、非形而上学的で内在的な合理性の中心概念にする。ここで内在的と言われるのは、このような概念が通常持っている宗教的なイメージに反して、その無からの突如の出現が、生成のカオスの純粋な力（puissance）よりも上位にあるいかなる原理も（神のものであろうと、その他のものであろうと）存在しないということを前提するという意味においてである。そして、ここで非形而上学的と言われるのは、あらゆる実在的必然性を徹底的に拒絶することが、私たちに、充足理由律の端緒となる決定と決別することを保証するという意味においてである。

ここで提案された主張の意味を的確に把握するための最も効果的な方法は、すでに述べたように、おそらくその主張からその発見的重要性を取り出すことだ。この発見的重要性は、そのようなモデルによって可能となる一連の解明にある。すなわち、一般的に解明できない、したがって不毛であるとみなされている問題の解明である。

第一に、すでに述べたように、このようなモデルは、経験的な世界の安定性という考えを、実在的必然性という考えから切り離すことを可能にしてくれる。帰納法の問題を取り上げ直すのは、次のようなことを目指してのことである。すなわち、法則の必然的な恒常性という観念を放棄することが、必然的に無秩序な世界という正反対の観念を導くことなく、可能であるということを論証することである。というのも、法則の偶然性を拒否することを非明示的に基礎づけている確率論的推論を不適格なものとみなすことは、この世界の恒常性の可能的変化はいかなる恒常性の必然的な変動も帰納しないということを十分に論証するからである。すなわち、世界は実際にその法則を世界自身の生成に従属させることができるということを肯定することによって、あらゆる必然性に優越する偶然性という概念が措定されるのである。そして、その現実化はいかなる制約にも曝されない――また、何よりもこの現実化は、ある可能性が現実化されないこと（non-effectuation）を、ますますありそうもないことにすると想定される頻度的法則に従うことはないのである。というのも、もし法則の変化が起こるということが可能ならば、それは起きなければならないと主張することは、生成の偶然性をある法則の必然性に今一度従わせることであるからだ。また、そうであるとすれば、あらゆる可能的なものが、いずれ現実化されなければならないということになる。それゆえ、完全にカオス的な世界——つまりあらゆる法則を時間の力に従属させる世界——は、権利上、実効的に必然的な法則に従属している世界と現象的には見分けがつかないことになるだろう。なぜなら、あらゆることが可能な世界は、同様に、可能であるものすべてを引き起こさないようにすることもできなければならないからだ。かくして、自然の斉一性の原理の実効的な不在を認め、またそのことによって法則の必然性の仮説に関連した標準的な謎（énigmes canoniques）を放棄しながら、すべての自然科学の公準、すなわち、現象の普遍的な安定性を前提する実験手続きの再現性を正当化することが可能になる。しかし、この謎の放棄は、グッドマンのように、その問題を思考することとの単純な拒否、すなわちその問題の解決不可能性を想定することによって正当化された拒否から生じるのではない。この放棄は定数が示す安定性と両立しうる定数の偶然性が思考されうるという確信から生じるのだ。

上述した確率論的詭弁の批判は、さらに、さまざまな類似した議論へと適用を拡張することができる。それらの議論のねらいは、概して、目的論のある種の形式を復活させることである。私はここで、批判的分析のそのような拡張の一例として、人間主義（anthropisme）に言及することで満足するつもりだ。

人間主義の主題——より正確に言えば、強い人間原理と名づけられているものの主題——は基本的に次のような仮説に依拠している。(7) すなわち、人は、権利上、膨張していると想定されている宇宙に最初に与えられたもの、ならびに現代物理学の基本法則を種別化する数(換言すれば、それらの法則に従事する関係=比や定数)を、恣意的な仕方で変化させると考えられている仮説である。その仮説において、人はこれら人為的な宇宙の進化を決定することができるのであり、そして人は、ほとんどの場合、これら人為的な宇宙が、生命の突如の出現のために、ましてや知性の突如の出現のために必要不可欠な構成要素の産出へ向かって展開する能力を欠いていることを確認するのである。それらの宇宙が意識を生み出すことができるということは、極めて稀であるということを強調するこの結果は、そのとき驚きに値するものとして提示される。それは、私たちの宇宙の偶然的な与件(すなわち、それら与件の確定を演繹するいかなる手段もないという意味で偶然的な――それらはただ経験のなかで確認されうるだけである)と意識を持った生命の発生を支配している極端に制限された物理的条件との特筆すべき一致を前にした驚きである。つまり、それら可能的宇宙のレベルにおいてでさえ、私たちの出現のために不可欠な特性が非常に稀であるのは明らかなのに、私たちの宇宙がその特性を当然のごとく備えていなければならないというのは、一体どういう訳なのだろうか、ということだ。それゆえ、そのような驚きは、生命を可能にする宇宙の数に可能的宇宙の数を結びつける、明らかに確率論的な推論に基づいている。人間主義者は、ただ運=偶然だけに帰させるにはあまりに強力な一致に驚くことから始めて、ついでそこから人間の創発を可能にする定数と最初に与えられるものを含んでいる私たちの宇宙を前もって決定していた謎めいた究極目的という観念を引き出すのである。こうして、人間主義は、目的論的思考の伝統的なトポスを復活させる。それはすなわち、高度に秩序づけられた(有機的で思考能力のある存在に固有の)ある実在の存在を確認し、さらに、その原因を合理的にただ運＝偶然だけに帰させることはできないとし、その結果、ある隠れた究極目的の仮説が課されることになる、というものである。

今や、確率論的詭弁を批判することによって、今までにない仕方でそのようなトポスに異議を唱えることができるということが理解される。というのも、そのような推論は、観測可能な宇宙の与件となる定数からなる先行する変化（variation）によって得られる、可能的宇宙の確定された集合（有限であろうと無限であろうと）の存在を仮定する場合にのみ正当であるからだ。ところが、そのような推論が意味をなしうるような、可能的なものからなる宇宙を構築する正当な方法があるようには思われない。繰り返しになるが、この方法は、実験の上でも、また単に理論の上でもありえないからだ。すなわち、経験の命令から解放される以上、どのような原理の名において、その人間主義者が非明示的にそうするように、可能世界からなる集合を、現行的に観測可能な宇宙において確認された定数と変数からなるただ一つの直線的な変化によって得られるものに制限することができるというのか。また、どのような名において、そのような可能世界の集合を一つの確定された無限に制限することができるというのか。実のところ、可能的なものが、一般的な形で思い描かれるやいなや、あらゆる全体性は思考不可能になってしまう。そしてその全体性とともに、その偶然＝確率的な構成が、私たちの驚きの源泉になるのだ。合理的な態度といったものは、この場合、私たちの驚きに答えてくれる説明を探し求めることではなく、その驚きを、確率の適用が正当とされる唯一の領域を超えて、確率論を適用するこ

（7）　人間原理のさまざまな変奏の定義については、J.-D. Barrow et J.-F. Tipler, *Anthropic Cosmological Principle*, Oxford University Press, 1986, introduction, section 1.2. を参照のこと。

との帰結として示すために、その驚きから論証の系譜を取り出すことである。

最後に、実在的必然性を放棄することが、今度は、新しい状態の創発を解明するための最後のタイプを可能にしてくれる。創発する新しい状態の質的内容は、不条理なしには、以前の状態のなかにその先取りされた存在を見出すことが不可能であると思われるようなものである。その問題を明瞭にするために、生命の創発の古典的な事例を取り上げてみよう。ただし、ここで取り上げるのは、単に有機体の事実としてではなく、主観的存在として理解された生命の創発の事例である。実際、ディドロの物活論からハンス・ヨナスの新目的論(8)に至るまで、生命のない物質から生命が創発する可能性にかんする哲学的論争のなかで同じ議論構造がつねに再生産されてきた。生命は、少なくともその進化のある段階においては、情動的で知覚的な内容からなる集合の存在を明らかに前提としていることから、物質が何らかの仕方で、すでにそのような主観性を、見出すことができないくらい微弱にではあるが、含んでいたとみなすように決定されるか、あるいは生命のこれらの情動はいかなる仕方でも物質のなかにはあらかじめ存在していないということが仮定され、したがって、情動は物質から直接に、無から突如出現したと認めざるをえなくなるか――そしてこのことは、自然の力を超越した干渉を受け入れることにつながると思われる――、このいずれかである。内在の哲学がとる連続主義、すなわち、物質はすでにある程度において生きていると主張する物活論の一つの変奏をとるか、そうでなければ、自然の諸過程の合理的な理解を超えているある超越に対する信念〔信仰〕をとるかのいずれかである。しかし、無からの突如の出現がある内在的時間性のまさにその枠組みのなかで思考可能になるやいなや、問い直されることになるのは、このような立場の対立である。そのとき、私たちは、直接物質において生命が前もって形成されているということの必然性に対しても、またそれ〔新しさ〕が生じた状態の要素に還元することができない新しさの肯定を決まって伴う非合理主義に対しても異議を唱えることができる。なぜなら、反対に、そのような創発が、〈全体〉の合理的な思考不可能性と相関するものになるからだ。かくして、潜在性という用語は、徴（signe）の意味＝方向を変えることを可能にする。すなわち、あらゆる根源的な突如の出現を、生成を超越する原理の顕現（すなわち、奇跡、〈創造主＝神〉の徴）ではなく、何ものもその上に立つことのない時間の顕現（創発、非－〈全体〉の徴）にするのだ。したがって、私たちは、それらの創発が起こる以前の状態から直接に、新しいものの系譜を描くことは不可能であるということが何を意味するのかを理解できる。その不可能性とは、隠された潜勢力を引き出すことができない理性の無能力（incapacité）ではなく、まったく反対に、それらの創発よりも先に存在するであろう潜勢力の〈全体〉の非－実効性（ineffectivité）に達することができる理性の能力（capacité）なのである。あらゆる根源的な新しさにおいて、時間は次のようなことを示す。すなわち、時間は、過去にある胚芽を現実化しているのではなく、それ自身の到来よりも前にはまったく存在していない潜在性、つまり時間にアクセス不可能ないかなる全体性においても存在していない潜在性を出現させるということを示しているのである(9)。

かくして、私たちは、あまりに簡略ではあるが、充足理由律から解放された哲学がどのように素描されうるのかを検討した。そして、まさに充足理由律の放棄によって、合理主義の古くからの様式に

（8）例として、Hans Jonas, *Le principe de responsabilité*, chap. III, IV, 3b, «la théorie moniste de l'émergence»（ハンス・ヨナス（加藤尚武訳）第三章、Ⅳ、2、b「一元論的な創発論」、『責任という原理――科学技術文明のための倫理学の試み』所収、東信堂、二〇〇〇年、一一九―一二二頁）を参照されたい。

固有の二重の要求、すなわち、経験に与えられたものからなる存在論と、表象の批判を保持するべく努めたのである。

訳者解題

本稿は、Quentin Meillassoux, "Potentialité et virtualité". *Failles*, Printemps 2006, n°2. の全訳である。邦訳の初出は、「潜勢力と潜在性」（黒木萬代訳、『現代思想』二〇一四年一月号、青土社）であるが、書籍化に伴い全体的に修正を施している。また、英訳に Quentin Meillassoux, Potentiality and virtuality, trans. Robin Mackay: 55-81. in *Collapse*, vol. II : Speculative Realism. Oxford: Urbanomic, 2007. があり、またこの英訳は、思弁的実在論を世界的な潮流として決定づけることとなったＰＤＦ論集 *The Speculative Turn: Continental Materialism and realism*, eds. Levi Bryant, Nick Srnicek and Graham Harman, re. press, 2011. にも収録されている。

本稿における議論は、メイヤスーの主著である『有限性の後で』第四章における議論と大きく重なるものであるが、さらに進んで、確率論的な偶然である「運＝偶然」と根源的な偶然である「偶然性」の概念的区別がより整理されて提示されると共に、タイトルにもなっている「潜勢力」と「潜在性」という概念が新たにそれらに関連して語られることになり、それによって「時間」の持つ力能が捉え直されることになる。ここでは、以上のような点をごく簡単に確認し解題としたい。

確率論的な「運＝偶然」は可能的なものの全体（サイコロで言えば六つの面）を前提し、それらの可能的なものが現実化する確率は等しい。ところで、このような確率論的な偶然性である「運＝偶然」の観点を自然法則の偶然性を考える際に使用する場合、私たちが自然法則の頻繁な変化に出くわしていないことは、すなわち自然法則の不変性を意味しているように思われる。しかし、確率論的推論を自然法則に従属している出来事（法則の条件下にある可能的なものからなるラベルづけられた集合）ではなく自然法則それ自体に適用することをメイヤスーは批判する。メイヤスーは、自然法則の偶然性の議論をカントールの集合論に接続することで、現行の自然法則の確率を計算するために必要な全体性、つまり集合全体の集合は存在しないということを指摘し、自然法則に確率論的推論を適用することの正当性を剥奪するのである。それによって、自然法則が偶然的であることから、ただちに自然法則の頻繁な変化を帰結しなければならないという考えを切り離し、根源的な「偶然性」を持ちながらも安定的な法則を考えることが可能になる。

さて、以上のような議論を踏まえ、「潜勢力」と「潜在性」、「運＝偶然」と「偶然性」、またそれぞれに

（9）　先の議論展開において、私は、あらゆる可能的なものを一つの潜勢力にする潜勢力主義と、あらゆる現在する新しさのために、非常に弱い度合いであるかもしれないが、そのような新しさのすべての要素がすでに存在している過去の状態を取り出すと主張する連続主義を混同する傾向を持っていると非難されるかもしれない。しかし、それは次のような二つのことが同時に主張されうるがゆえに反論されることになる。すなわち、世界が不変的な法則に従っているということと、世界を、そのなかですべてのものが、それらが現れるより前にすでに実効的に存在しているような一組の入れ子状の人形として捉える前成説的な現実主義を拒否することは、同時に主張されうる。私は、もちろんその二つの議論を混同してはいない。しかし、前成説と同様に潜勢力主義は、共通して潜在主義を拒否しており、どちらも等しく純粋に新しいものを考えることができないと、私は答える。特に、感覚は、それが生命において創発する以前に、それ自身によってはまったく現実化されない物質の潜勢力であると主張するのならば、潜勢力主義は不利益を被ることになる。なぜなら、実在的必然性の神秘（物質は、確定された諸条件の下で感覚的な内容を生じさせる法則によって規定されている）と無からの突如の出現の神秘（これらの内容はそれらを創発させる諸条件に決して含まれていない）は一体化せざるをえないだろうからだ。

おける時間の役割を簡単にまとめよう。

「潜勢力」とはある法則の条件下にある可能的な事象からなるラベルづけされた集合（全体）のうちで、まだ現実化されていないものであり、それら可能的な事象が現実化されるかどうかは確率的な偶然性である「運＝偶然」に委ねられている。そこで、時間とは、まさにサイコロを投擲することと等しく、あらかじめ決定されているいくつかの面（可能的なもの）を現実化させる役割を持つ。一方、「潜在性」とはあらかじめ構築された可能的なもののいかなる全体によっても支配されていない生成において創発する事象からなる集合の性質である。また、「偶然性」とは、「潜勢力」の場合と異なり、事象の諸集合からなる集合の事象ではない（つまり全体化を逃れる）事象からなるラベルづけされた集合の性質である。そのような非‐全体化の観点に至ることで、時間はあらかじめ可能であったものを現実化する単なる媒介であることをやめて、先行する状態にはあらかじめまったく含まれていなかった可能的なものを創造する力能を開放することになるのである。

III

亡霊のジレンマ：来るべき喪、来るべき神

Deuil à venir, dieu à venir

——人には皆、生と幻影の二つがある。

エドワード・タイラー『原始文化における宗教』〔1〕

亡霊のジレンマ

亡霊とは何か。それは、我々が弔うことのなかった死者、我々に取り憑き、苦しみを与え、彼岸へ渡ることを拒む死者のことだ。我々が彼らを忘れることも、その死を死ぬ——彼らの最期の時に繰返しとらわれる——こともなく、彼らと共に自分たちの生を生きることができる、そうした彼岸へ渡ろうとしない、死者のことだ。真の亡霊（spectre essentiel）となった亡霊、本当の亡霊とは何か。それは、我々がその死を弔うことができなかった死者のことだ。喪に服すという行為、すなわち時間の経過が、死者と生者の間で穏やかなつながりが考えられるには十分ではなかった、そうした死者のことだ。近親者や近しい人だけでなく、その生涯の旅路ですれ違ったすべての人々に対して、自らの死の恐怖を訴える、そうした死者のことだ。

真の亡霊、それは非業の死者たちである。早すぎる死、凄惨な死、子供の死、そして自分の子供たちが同じく死にゆく運命にあることを知りながら死んでゆく親たちの死等々。自然死にせよ、事故や殺人の場合にせよ、死を被った人々もそれを免れた人々も受け入れることができなかった死。真の亡霊とは、絶えず彼岸に戻ることを拒みながら、執拗に白布を脱ぎ去り、生者たちに対し、事実に反し

〔1〕 Edward Tylor, *Religion in Primitive Culture* (New York: Harper, 1958), p. 12.; エドワード・タイラー『原始文化』、比屋根安定訳、誠信書房、一九六二年、一〇二頁。『原始文化』は二巻本であるが、その下巻に当たる。なお邦訳は完訳ではないが、対応箇所は訳出されていたためその頁数を記した。

て自分の居場所はまだ彼らの内にあると告げる、そのような死者たちのことである。彼らの最期は意味をもたず、全うされることがない。彼らは、復讐を叫ばずにはいられない幽霊なのではなく、あらゆる復讐の彼方で叫ぶ幽霊なのだ。軽率にも彼らに耳を貸してしまえば、そのうめき声を一生聴いて過ごすことになりかねない。

真の亡霊の喪の実現を、真の喪（deuil essentiel）と呼ぼう。これは、生者が非業の死者と結ぶ、活力に満ち、病的でない関係のことだ。真の喪は、そうした死者たちと周到につながりを結ぶ可能性を想定している。そうしたつながりがあれば、我々は、彼らの境遇に対峙する際に感じられる、絶望的でそれ自体致死的であるような恐怖へと導かれることはなく、反対に、彼らの記憶を、進んで我々の存在の只中へと挿入することになる。とすれば、真の喪の実現とは、真の亡霊と共に死ぬことでなく、彼らと共に生きること――彼らに耳を貸し、生霊（fantôme de vivant）となるのではなく、亡霊に生を与えること――を意味することになる。こうして次の問いが提起される。真の喪は可能であるか。そしてもし可能なら、それは、いかなる条件においてか、と。

凄惨な死が歴史を支配した二〇世紀を後にして、あの帰らぬ人々――そのほとんどを我々は知らないが、彼らによって我々の生が密かに蝕まれるおそれがない、と言えるほどにはまだ十分な時間が経っていない――と病的でない関係のうちに生きることはできるのか。この問いに対しては、まずもって否定的に応答せざるを得ないように思われる。というのも、真の喪は、死者との関係が許容する一般的な二者択一に訴えていては考えることができないように思われるからだ。その二者択一は、極めて簡潔に、こう述べられる。神が存在するか、それとも存在しないか。より一般的にはこう述べられるだろう。寛大で人類を超越する始原がこの世とあの世で死者たちへ正義をもたらすものとして機能しているか、それともそうした超越的始原は欠けているか、と。さて、すぐに明らかになることだが、たとえどんな意味に解されようと、これら二つの選択肢——便宜的に、一方を宗教的、他方を無神論的と呼ぼう——のいずれによっても、真の喪は実現され得ない。神は存在すると言うか、存在しないと言うか、二つの言明の下で何が考えられようとも、それらは、亡霊を前に、二つの仕方で、絶望する（désespérer）ことでしかない。このことを示すため、これらの立場のそれぞれについて、真の喪に耐え得る最も強い応答であると思われるものを、口頭弁論という形で、直接話法で述べることにしよう。

一方の、宗教的な弁論はこうだ。「私は自分自身の死を受け入れることを望む（espérer）ことはできるが、非業の死者たちの死を受け入れることを望むことはできない。私に将来訪れる終わりを前にした恐怖ではなく、彼らの過ぎ去った、取り返しようがない過去の死を前にした恐怖、それこそが私に神の存在を信じるよう強いるのだ。たしかに、たまたま私の死滅が悲惨なものであることになっている場合には、私は自分自身に対して、亡霊たちに望むことを望みながら死ぬことだろう。だがそれは、私自身待機中の一亡霊でしかないからである。私は、私自身や他の人々についてはサドカイ派であることもできるが、亡霊たちについてはつねにパリサイ派でありたい。あるいはこうも言える。私は、自分自身については最悪、無神論者であり得る、つまり自分の不死を信じずにいることもできる。だが、亡霊たちに対して無神論者であることは、決して受け入れられない。なぜなら、過去の無数の亡霊に対してはいかなる正義も不可能であるという考えは、私を根底から覆し、その結果、私はもはや生者に身をささげることがなくなってしまうから。またたしかに、助けを必要としているのは、生者であって死者ではない。だが、生者への助けというのは、結局のところ、死者への正義を望むことによって維持されているものではないだろうか。無神論者は、まさしくこれを否定することができるだろう。だが私のほうはというと、それを捨て去るのならもはや生きることができなくなってしまう。私は死者に対しても何かを望みたい。さもなくば生は空虚である。その何かとは、来世、すなわちいつかもう一度生きる——彼らのあの死とは別のものを生きる——機会のことだ」。

他方で、無神論者はこう応答する。「君は死者たちに何かを望みたいと言う。では君が彼らに約束することをよく見てみようではないか。君は死後の世界の正義を望んでいる。だがそれはどんな正義だろうか。それは、事故や殺人の場合のように最悪のことがなされるのを放置した神、あるいは自然死の場合のように自らそれを引き起こした神、そうした神の支配下でなされる正義であろう。その上で君は、そうした神を正義と、そして善とさえ呼ぶ。だが、次のことについて、君はどう考えるのか。神は、正義であり情愛深いと言われる自らの統治の下、永遠の生を約束する一方、容易く救えたであろう男や女、そして子供たちが最悪の状態で死にゆくのを放置したということを、そしてまたそのような苦痛を直接彼らに押しつけたのは、他ならぬ神自身であるのだということを。さらに神はこのことを、自らの無限の愛の印だと言う。そのようにして自分が苦しませる様々な創造物に対する無限の(それゆえに神秘的で底知れない)愛の印のようなものなのだ、と。〔だが、〕最も尊い言葉——愛、正義——を最も凄惨な行いによって歪める、これほど背徳的な存在の統治の下で生きること、これこそ地獄の正確な定義ではないだろうか。君は私にこう言いたいのか。神の現前に際して、私は、驚嘆の内に、創造物に対する神の無限の愛の本性を理解するであろう、と。〔だがそうであるなら、〕君は自分が約束する悪夢を増大させているに過ぎない。というのも君は、非業が生じるのを放置した者をまさに非業が生じるのを放置したがゆえに愛するほど私の心を根本的に変様させる力を、そうした存在に想定しているからだ。これは、単なる肉体的な死より無限に悪い精神の死の約束に他ならない。つまり、神の現前において私は善を愛するのをやめることになる。というのも神は、あたかもそれが善であるかのように私が悪を愛するように仕向ける力をもつであろうから。だから、神が存在するなら、死者たちの境遇は無限に悪いものとなる。彼らの肉体的な死には精神の死が重ねられるのだ。私は、君が彼らに願うこうした地獄より――彼らに対してもまた私自身に対しても――無（néant）を好む。なぜなら無は、彼らを安らかなままにしておくだろうし、彼らの尊厳を保ち、君の冷酷なデミウルゴスの全能へと彼らを服従させることはないだろうから」。

これら二つの立場のいずれも、他方の弱点によってのみ支持され得る立場であることがわかる。すなわち、無神論者が無神論者であろうとするのは、宗教が恐るべき神を予告するからであり、宗教が自らの信仰を支えるのは、非業の死者たちへの絶望による生の荒廃を拒絶することによってである。いずれの立場も、他方の絶望から免れていることを示すことで自分の立場の絶望を覆い隠しているのである。それゆえ、ここには次のジレンマがある。死者にとっての来世に絶望するか、あるいはそうした死者が生じるのを放置した神に絶望するか。

無神論と宗教、この二つが真の亡霊の喪に対峙した際に生じるアポリア的な二者択一を、亡霊のジレンマと呼ぼう[1]。このアポリア的な択一において、人は、神なき生の不条理と、究極の悪を放置し生み出すことを愛と呼ぶ神の神秘――真の喪の実現の二重の挫折――の間を揺れ動く。これと反対に、宗教的でも無神論的でもなく、そしてまさにそのことによってこの択一に固有の二重の絶望――死者への正義を信じることに絶望するか、正義なき神を絶望的に信じるか――から脱するに至るであろう立場を、亡霊のジレンマの解消と呼ぼう。こうして、真の喪の可能性についての我々の問いは次のように提起し直されることになる。いかなる条件において、亡霊のジレンマの解消は望み得るのか。無神論と宗教という二重の行き詰まりから抜け出すような生者と死者のつながりを、いかに思考すべきか、と。

この問いに対してあり得る応答を素描するためには、次のような仕方で議論を進めなければならない。すなわち、このジレンマの解消の条件を提示し、その解消の理論的正当性を、信憑性の程度において評価する必要がある。もちろん、その解消が結局は見かけのものに過ぎないことが明らかになったり、最終的に無神論と宗教の二者択一から抜け出すことを諦めなければならなくなったりする、そうした可能性を我々は排除しない。しかし、そうした偶然の（éventuel）諦めは、この解消の正確な検証から、それもその検証だけから生じるのでなければならない。ここではその全貌を明らかにすることはできないため、以下では、その解消の一端が示されればよいとしよう。

ジレンマ解消のための条件：神の不在（l'inexistence divine）

ジレンマ解消の「形式的な」諸条件と言うべきものを示すことから始めよう。それらの条件は、前述の二つの立場――無神論と宗教――において明白に正当性を有する部分を成すと同時に、あのアポリアの起源を成している。実際、我々によれば、このジレンマについての二つの立場の各々は、真の喪に不可欠な要素を提示している。

――宗教の立場は、死者たちに彼らの死とは別のものを望むことができる場合のみ、喪が可能であることを明らかにしている。亡霊たちが自らの河岸に辿り着くことになるのは、彼らが我々の河岸に辿り着くのが見られるようになるときのみなのだ。
――無神論の立場は、そうした希望の形成にとって神の存在が乗り越え難い障害であることを明らかにしている。というのも、背徳的な神だけが、非業の死者たちを生じさせ、さらにいっそう背徳的な神だけが、そのように振る舞ったことで自らを愛させることができるのだから。

これら二つの条件が、どちらも等しく不可欠であるにもかかわらず、両立不可能であるように思われるという事実に、あのアポリアは由来する。それゆえ、この窮地を打開するには、ただひとつの方法しか残されていない。すなわち、我々は、これら二つの条件が両立不可能であるのは見かけ上に過ぎないこと、そしてまた、宗教的でも無神論的でもない、〔先の問いへの〕応答の二つの要素を一貫して集約可能な、第三の選択肢が存在すること、これらのことを証明しなければならない。以上から、辿るべき道は示された。すなわち、ジレンマを解消することは、死者の復活可能性――解消のための宗教的条件――と、神が現実存在しないこと――解消のための無神論的条件――とを結びつける言明を思考可能なものとすることに帰着する。これら二つの要素を、以後我々が検討することになる次の

---

(1) 私は、死後の生についての主張と人格神の存在を結びつけるあらゆる立場を「宗教的」と、これらの主張を共に拒否するあらゆる立場を「無神論的」と呼んでいる。もちろん、このような簡潔な分類に当てはまらない立場を考えることはできる。たとえば、すでに示唆したサドカイ派は、人格神信仰を不死の拒否へと結びつけているし、スピノザ主義は、反対に、人格神の拒絶に不死の可能性という主張を結びつけている。しかしながら、これらの立場は、分析の主要論点――代表的体系は、亡霊のジレンマを解消できない――を変えるものでは全くない。サドカイ派の場合、悪しき神への絶望に、死者たちが復活しないことへの絶望が付け加わり、スピノザ主義の場合、叡智に至るためには、早世した人々の幸福な不死へのどんな希望も捨て去り、そうした運命を司る冷酷な必然性へと身を委ねねばならない〔からだ〕。

言明の内にまとめよう。

神はまだ存在しない（Dieu n'existe pas encore）。

この言明は、我々が神の不在と呼ぶことになる主張を形式化するものである。この表現は、その両義性が許容する二つの意味において理解されなければならない。まずもって、神の不在は、直接的に、宗教的な神——形而上学的でもあり、この世界の創造主ないし始原因として顕在的に存在するものと想定される——が存在しないことを意味する。それだけでなく、神の不在は、不在についての神的な性質、言い換えれば、今現実に潜在的状態（l'état virtuel dans la réalité présente）に留まっているものは、来るべき神の可能性（possibilité）を秘めているということを意味する。現世の惨事と無縁のこの来るべき神であれば、死とは別のものを亡霊たちにもたらし得るのだ、と望むことができるのである。

神の不在という立場をとることで、解消不能であるように思われた亡霊のジレンマの成因を捉えることができるようになる。その解消不能性は、無神論と宗教とが、他のあらゆる可能性を汲み尽くす二者択一——神が存在するか、神が存在しないか——を成しているように思われることに由来するものであった。だがこの二つの言明は、実際より強いことを言っている。というのも、これらはいずれも、一方で神の不在の、他方で神の存在の、必然的と想定される性質から、その意味を引き出しているからである。無神論者であることは、たんに神が存在しないと主張するだけではなく、神は存在し得ないとまで主張することであり、信仰者であることは、神の本質的存在（l'essentielle existence）を信じることである。すると、神の不在という主張が、そうした二者択一に対抗するためには、様相という観点において論争をもちかけなければならないことになる。というのも、神は可能である——主観的かつ顕在的（確実ではないが、神が実際に存在することもあり得る）な意味においてでなく、客観的かつ未来に関わる（神は将来現実に生まれ得る）意味において——と主張することが問題であるのだから。課題は、神と必然性（神は存在せねばならないか、神は存在してはならない）の間にある、無神論と宗教の連帯を暴き、神を潜在的なもの（神は存在し得る）へと結びつけることである。

こうして問いはより明確なものとなる。すなわち、亡霊のジレンマの解消は、神の不在という主張の意味を明らかにし、同時に、この主張に同意することの正当性を確立することに帰着する。神はまだ存在しないという主張は、以下交互に検討される二対の意味へと分割することができる。

1．この主張の可能性（éventualités）のひとつとして神というものが考えられ得るのだとしたら、その「まだ……ない（pas encore）」という表現は、何を意味するのか。このことの検証は、真の喪と両立可能な時間の意味を考えることに帰着する。すなわち、時間というものが、その潜在性のひとつとして神を含むとすれば、時間とは何であり、またその神の実効性（effectivité）への我々の信念は、いかにして正当化され得るのか。

2．神が、まだ存在しないもの、顕在的でも必然的でもなく可能的かつ来るべきものであるとすると、「神（dieu）」という表現は、正確に言って、何を意味するのか。このことを検証しようとすれば、永遠の神という主張に基づくどんな神学からも区別される、神についての学説の諸原理の検討が、まずもって要求されることになるだろう。

紙幅の都合上、我々は第一の論点しか扱うことができない。そのためここでは、「神」という表現を、真の喪が考えられ得るための必要最小限の意味において理解することとしたい。すなわち、亡霊にとって、自らの死とは別の何かが始まる、存在の体制の出現（émergence）として。

ヒュームの問題への思弁的対処

神を出現させ得る時間とは、一体どのようなものだろうか。そしてまた我々は、どうしてそのような考えに同意できるのだろうか。そうした時間の存在をあまりに信じようとすることによって、我々は、問題を容易にするどころか、我々の希望をただ称揚する擁護の声に対しては疑念を募らせてしまうだけだということをわかっているというのに。

この主題の核心に迫る前に、神の不在は「神秘的（occulte）」だ、と言われる場合、それが何を意味しているかを明らかにしておこう。その場合、神の不在という主張は、ある秘められた法則、今はまだ知られていないが来るべき贖罪の原因たり得る法則の存在に依拠している。とすればそれは、神の不在についての無神論的ないし宗教的解釈に留まることになる。すなわち、一方にとっての問題は、未来の人類であれば技術的に実効可能だと想定されている蘇生技術によって、プロメテウス的な死の制御に復活の望みを託すこととなってしまい、他方にとっての問題は、すでに密かに進行中の、世界の神化（divinisation）に必要なプロセスが、生者および死者への普遍的な正義において極致に至るのだ、と主張することになってしまう。どちらの場合にも主張されるのは、あらゆる希望が依拠するとされる神秘的な法則――身体の蘇生についての未知の自然法則、神の漸進的な出現についての摂理的法則――の存在なのだ。こうした主張は、証明不可能、気まぐれなものでさえあって、いずれにしても、確かな希望を支えるものではない。

さて、これらの道を禁じた以上、我々は、求められる神が、存在せず可能的なものとして措定されなければならないだけでなく、偶然的で制御不能（contingent et immaîtrisable）なものとしてのみ思考され得るのだ、とまで言う必要がある。実際、この神が、偶然的なものとしてしか措定され得ないのは、次の意味においてである。思考可能であることによって、この神の到来（avènement）は何ものにも禁じられていないということが想定されているのだとすれば、反対に、どんな運命的な法則であれ、神の出現を保証するとは想定することはできない。というのも、そのような想定はどんな場合でも、理論的に過剰なものに留まるだろうから。神は存在可能でなければならないが、神に存在するよう強いるようなものは何も考えられ得ないのである。そしてまた、神の到来が制御不能でしかあり得ないというのは、人間による自然の絶対的な支配という、あらゆる幻想的な意志を、神は超えていなければならない、という意味においてである。死の克服のプロメテウス主義も、来るべき神の摂理主義も、亡霊のジレンマに対する無神論と宗教の強化版に過ぎず、我々はどちらにも、ジレンマの解消への希望を根拠づけることはできないのだ。

そこで以下では、次の仮説が確実であるとみなすことにしよう。

1．自然法則は、死者の来るべき復活への確かな希望を維持し得ない。

2．生者と死者への正義の使者たる、自然法則を超越する秩序（Ordre）――現実に働いているものであれ、出現の途上にあるものであれ――に望みを託す必要もない。

では、我々にはどんな解決策が残されているのだろうか。この問い応じるためには、これらの仮説において、何が真の喪の障害を成しているのか、これを明らかにすればよい。自然法則にせよ、超自然法則にせよ、何らかの法則が存在し、それが私の希望を引き継ぐことができるのだ、という考えを捨て去るとき、亡霊のジレンマの解消への希望を禁じているように思われるものは何か。答えは明らかだ。ジレンマを解消することができない自然法則しか存在しないということを認めるのなら、このジレンマは解消し得ない。だがこれは、それに加えて、自然法則の必然性が認められる限りにおいて、しかもその限りにおいてでしかない。真の喪の障害となっているのは、自然法則と神の両立不可能性ではなく、自然法則の必然性への信念である。そしてまさしくこの様相についての主張こそ、神の存在の不可能性、証明された定数に矛盾するあらゆる出来事の不可能性への、無神論的な信念を根拠づけているものなのである。

それゆえ、我々は第一に次の問いを扱う必要があるだろう。それは、様々な法則の必然性への同意を根拠づけ、そのことによって、それらの法則と根本的に矛盾するようなあらゆる可能な出来事を拒否することを根拠づけているものは何か、という問いである。さて、これは周知の問題である。というのも、これはまさに、ヒュームが提起した、因果的必然性への我々の信念の合理的正当化の問題であるからだ。したがって、我々はこの問題に今一度取り組まなければならないのであるが、我々はこの問いを伝統的なやり方とは「反対の仕方で（à front renversé）」扱う必要がある（これには十分留意されたい。というのも、まさしくここに、問いの思弁的関心があるのだから）。

説明しよう。通常、因果的必然性の問題は、ヒューム自身が定式化したように、次の疑問文によって述べられる。我々が諸法則の必然性を信じているとして、そうした信念を合理的に（en raison）根拠づけることはできるのか。それらの法則は、他の条件がすべて同じである場合には、未来においても今と同じものである、ということは保証され得るのか、と。ヒュームが突き当たったアポリアは、論理も経験もそのような正当化をもたらすことはできない、というものであった。なぜなら、一方で、観察可能な定数が将来変わることには何の矛盾もないだろうし、また他方で、経験から我々が知ることができるのは、現在と過去についてだけであって、未来についてではないからである。すると、自然法則について想定されている必然性はひとつの謎となってしまう。というのも、ここでは充足理由律が有効に適用され得ないからだ。つまり、諸法則が別様ではなくこうでなければならない理由を、すなわち、法則が今にも（d'un moment à l'autre）勝手に変わってしまうのではなく、今と同じままであり続けねばならない理由を、我々は見出すことができないのである。

さて、我々の観点はヒュームとは反対のものである。というのも、我々は、ヒュームと反対に、自然法則が、それと両立不可能な出来事性（événementialité）のために、理由もなしに破綻する実効的可能性（possibilité effective）からの立論を提案しているのだから。実際、ここで提起している問いは次のようなものである。ヒュームは自然法則のカオス的な変化が、ア・プリオリに（つまり、矛盾なく）思考可能であることを示してみせたというのに、どうして、思考の力――自然法則の偶然性を提起するよう促す力――でなく、経験――観察可能な定数の見かけ上の不変性を提示することができる唯一のもの――に信頼を置いてしまうのか。どうして、我々は、ヒュームが（明示的な仕方でないにせよ）見事に示した根源的なカオスの思惟（intellection）に与するのではなく、信念によって、法則の経験的な不変性を必然性にまで延長してしまうのか。言い換えれば、どうして、充足理由律の失敗を絶対化し、こう主張しないのか。すなわち、ヒュームの問題が直面する法則の理由（raison）の欠如が意味しているのは、そうした理由を見出す能力が思考には欠けているということではなく、思考には、実在そのものの内に、法則や事物の理由の実際の欠如と、それらが絶えず変化する可能性とを、ア・プリオリに直観する能力が備わっているということなのだ、と。そうであるなら、問題は、偶然性を、事物および法則を含む、あらゆる存在者の絶対的な特性（propriété）とすることであって、そのとき、再定義された理由、充足理由から開放された理性（raison）は、それを思考し、また記述しなければならないだろう。ここにあるのは、転倒した（renversé）、というよりむしろ、裏返った（inversé）プラトン主義の理念——思考は現象の絶えざる変化の眩惑から解放されイデアの不動性に至らなければならない、と主張するのではなく、思考は法則の現象的な不変性という眩惑から解放され、理由もなく（sans raison）事物のみならず事物についての法則をも破壊しかつ生み出すことができる、ただ思惟可能であるだけのカオスへ到達しなければならない、と主張するプラトン主義の理念——である。

　法則の必然性でなく偶然性が認められた以上、ヒュームの問題は解消されたのだ、と言うべきだろうか。当然そうではない。なぜなら、ここで新たに別の問題が提起されるからである。それは、次のような理由で、我々の主張は受け入れられないと反論する。もしも法則が絶えず理由もなしに変化することができるのだとすれば、そうしたことが一度も現れたことがないということは極めてありそうもない（improbable）ことだろう。また実際、物質がつねにその最小の部分に至るまで無数の異なる法則に従っているのだとすれば、無秩序とは、現出（manifestation）がもはや存在しないような状態のことだろう。これは、まさしく超越論的演繹の核を成す議論でもある。法則の偶然性は、表象の構成的な安定性（stabilité）と両立不可能なのだ。だがこのことから、我々が為すべきことは次のように明確化される。すなわち、ヒュームの再定式化された問題を解消するためには、そうした法則の偶然性から、物質および表象の、めまぐるしく、狂乱的でさえあるような無秩序を導くような推論を反駁し、法則の現出における安定性は、それに加えて、法則の必然性まで含意することはない、ということを明らかにしなければならない。このことこそ、自然に反する出来事の生起不可能性を拒否しようとする場合に、亡霊のジレンマによって解消が要求される――最後の、でなく――第一の問題である。このとき神は、いかなる法則にも従わないカオスの、偶然的で永遠に可能的な効果（effet）として思考されなければならないことになるだろう。

絶対者に到達する能力を思考に与えるあらゆる哲学を、思弁的と、また、絶対的なものに到達するために充足理由律のひとつの様相に依拠するすべての哲学を形而上学的と呼ぶことにしよう。この用語法に従えば、どんな形而上学も、思弁的でしかあり得ないが、だからといって、すべての思弁が、形而上学的である必要はないことになる。というのも、充足理由律の根本的な誤謬に依拠する思弁であれば、諸物が別様でなくかくあるよう強いることはないが、それらが今ある姿でないことが可能であることを強いる、そのような絶対者を記述するだろうから。以上から、これまで追い求めてきた結論は次のように定式化され得る。すなわち、亡霊のジレンマの実存的な解消は、ヒュームの問題の、形而上学的でなく思弁的な解消に従う、と。

不在の神について手短に述べることで結びとしよう。神がカオスの偶然的な効果として定義されたところで、我々はいかにして、またいかなる探求原理によって、その本性の明確化を図るべきだろうか。これについては、カント的な問いを、超越論的領野の外で提起し直すのが適切だろう。私が希望をもつことができるとして、私には一体何を望むことができるのか。今新たに求め、愛することができ、模倣に値するであろう、そのような神とは何か。現在の自然法則と手を切った出現の現実的可能性（éventualité réelle）を認めるとすれば、最も特異的で、最も興味深く、（逆説的ではあるが）ニーチェの要請に近い意味で、最も「高貴な」、そうした神の可能性（le possible divin）とはどのようなものだろうか。この未来の、内在的な神は、人格的なものであるべきか、それとも「調和（harmonie）」――生者と死者、そして蘇った者たちの平穏な共同体——であるべきか。我々は、こうした様々な問いへの正確な応答が、考えられ得るものであり、無神論とも神学（théologie）とも手を切った、思考の本源的体制を規定すると信じている。これから構築されるべき、人間と、人間に取り憑く者たちとの新たな絆を織り成すことになるであろう、そのような神論（divinologie）を。

訳者解題

本稿は、Quntin Meillassoux, "Deuil à venir, dieu à venir", in *Critique*, n. 704-705.（Paris : Minuit, 2006/1）, pp. 105-115. の全訳である。邦訳の初出は『現代思想』二〇一五年一月号であるが、書籍化に伴い一部修正を施した。原題は「来るべき喪、来るべき神」であるが、日本語でも韻が反映できないことなどを考慮して、以下にあげる英訳と同様、タイトルは「亡霊のジレンマ」とし、サブタイトルに原題を添えることとした。Quentin Meillassoux, trans. Robin Mackay, "Spectral Dilemma", in *Collapse IV*（UK : Urbanomic, 2008/5）, pp. 261-276. 読み易さを優先して、ダッシュや（ ）は必ずしも原文を反映していないが、正確を期すため、キータームや一義的な訳が難しい箇所には原語を並記した（動詞および形容詞の単独での並記の場合、原形に直してある）。

二〇〇六年にCritique誌に掲載された本論文は、メイヤスーの未出版の博士論文『神の不在』（以下ＩＤと略記[1]）第三部の骨子をごく簡潔に示したものである。同年出版の『有限性の後で』（以下ＡＦ）が、ＩＤの第一部および第二部の要約的な内容となっていることを考えれば、この論文は、ＡＦの内容を補完し、未出版のＩＤの全体像を与えることを意図して書かれたものと言ってよいだろう。

議論の出発点となっているのは、早世や殺人などによって非業の死を遂げた死者たち――亡霊――を、いかにして弔うことができるか――いかにして真の喪は可能なのか――という問いである。この問いに対しては、二つの主要な応答――宗教および無神論――が想定できるが、それらは正義と神という二つの論点を巡ってジレンマに陥っている。一方の宗教は、死者の復活を認めることで正義の到来を保証するが、これまで非業の死を生じさせてきた神を背徳的な存在としてしまう。他方の無神論は、そうした神の存在を否定するが、その代償として、正義の到来を諦めねばならない。だがこのジレンマは、神はまだ存在しない（したがって、非業な死をもたらしたのは神ではない）が、将来実際に生じ得る（それゆえ、正義の到来の可能性は確保される）と考えることで解消される――これがこの論文の、そしてまた『神の不在』の核となるテーゼである。

論文後半では、想定反論に応じるという形で、ＡＦでも提示されていた自然法則の偶然性という主題とこのテーゼとの関連が示唆されている。だがこれだけでは、メイヤスー哲学の全体像は見えづらいだろうから、以下、関連するＩＤの内容を紹介することで、若干の補足をしておきたい。

ＩＤの第一部でメイヤスーがまず提示するのは、本論集所収の「潜勢力と潜在性」にも登場する「無からの出現」という概念である。これは「存在者が全くの無から生じる」ということでなく、「結果の内には

［1］『神の不在（*L'inexistence divine*）』には一九九七年に博士論文として提出されたバージョン（これは現在インターネットで容易にＰＤＦを入手可能である）と、二〇〇三年の改稿版（これは、ハーマンによるメイヤスー論（Graham Harman, *Quentin Meillassoux: Philosophy in the Making*, Edinburgh, University Press, 2011）に一部抜粋が英訳で掲載されている）と、二〇一一年の時点で三巻本程度のボリュームになっていたという（おそらくはメイヤスーの手元にしかない）現行版が存在する。

原因の内よりも多くのものがある」ということ、そしてそれゆえに「その多くのものはその出現について何の理由ももたず、したがって何ものも（どんな法則も）これを制限することはできない[2]」ということを含意している。さらにメイヤスーは、そのように無から出現した秩序ないし世界として、物質、生命、思考の三つを認める。物質（第一世界）の出現について、彼は現時点で立ち入った考察をしていないが、生命（第二世界）と思考（第三世界）については、すでにIDにおいて一定の見解が提示されている。メイヤスーによれば、第二世界の出現が「無から」であるのは、生命が有する知覚や情動の「質」が第一世界に含まれていなかったからであり、第三世界の出現が「無から」と言われるのは、（宇宙の拡がりや無限といった）概念的思考が、それ以前の世界には含まれていなかったからである。歴史的に言って最も新しい、思考と呼ばれるこの第三世界において重要なのは、（AF第三章でも詳述されている）事実論性の原理に関連する「存在論的な真理についての理論的かつ絶対的な知識[3]」がもたらされるという点である。というのも、この「真理へのアクセス」を有するために、メイヤスー哲学において我々「人間」は（相関主義批判から素朴に想像される帰結とは全く反対に）、特権的な「価値」を認められることになるからである[4]。

以上の三つの世界に加え、さらに新しいものが到来するとしたらそれは何か。メイヤスーは言う。「人間〔……〕を超える唯一の新しさは、人間の再開であろう。このために、第四世界は正義の世界と呼ばれねばならない。なぜなら、失われた命への不正義さえも消し去ることによって、普遍的な正義を可能とするのは、人間の復活の世界だけだからである[5]」。我々の生きる現実世界は不平等で溢れているが、第四世界においては、非業の死を遂げた死者もが復活することで、少なくとも極端な形の不正義は解消される。言い換えれば、万人が死を免れるという点においては平等が実現される。ここには差異から平等、個から普遍へという飛躍がたしかに存在し、そのために正義の到来は、生命と思考に続く、第四の無からの出現なのである。

このようにIDには、無からの出現という概念の提示から第四世界の議論に至るまでの一定の論理を見ることができるのだが、本論は正義の到来という同じ主題を、（単独で読める形で）亡霊のジレンマの解消を目的とした議論へと再構成するものであるため、ＡＦと併読した場合、結局著者が何を言いたいのかがともすると見えづらくなっているかもしれない。[6]右に示したメイヤスー哲学の全体像に関心をもたれた方には、まずは本論の続きとも言える論文があるので、そちらを参照した上で、ＩＤに取り組まれることをお勧めしたい。

---

［2］ Graham Harman, *Quentin Meillassoux: Philosophy in the Making*, pp. 176-177.
［3］ *Ibid.*, p. 211.
［4］ cf. *Ibid.*, 210.
［5］ *Ibid*, 190.
［6］ Quentin Meillassoux, "L'immanence d'outre monde", *Ethica*, v. 16, n.2, 2009, pp. 39-71.

IV

形而上学と科学外世界のフィクション

Métaphysique et fiction des mondes hors-science[1]

本講演では、形而上学の見地から重要であると思われる、フィクションの二つの体制（régimes）の違いについてお話ししたいと思います。この二つのフィクションの体制は実験科学に関わるもので、私はそれらを以下の二つの語——一つはよく知られた語、もう一つは私自身の造語です——で呼ぶことにします。一方はサイエンス・フィクション（science-fiction）、他方は私が「科学外（世界の）フィクション（fiction（des mondes）hors-science）」と呼ぶもの——SFとFHSと略します——です。

この違いの意味についてお話しする前に、誤解やありうる反論を避けるため、立場を明らかにしておきたいと思います。私はサイエンス・フィクションと、私が科学外フィクションと呼ぶものとを明確に区別するために、前者にはかなり一般的で、月並みとも思えるような定義を与えることになります。しかし、この二つの概念についてご説明すると、皆様はあるいは次のようにお考えになるかもしれません。すなわち、サイエンス・フィクションと呼ばれる文学ジャンルのなかに科学外フィクションも含まれているのではないか。SFのなかにFHS小説の諸々の例があるのではないか。SFという文学ジャンル自体が、それゆえ、私の主張する区別とは矛盾しているのではないか、と。この点について、この場で異議申し立てを行うつもりはありません。私の意図はむしろ、ある概念上の区別を強調し、その哲学的な重要性を示すところにあるのです。そうだとすれば、以下の二つに一つということになります。すなわち、FHS小説は空想未来文学（＝SF）のなかには存在せず、「サイエンス・フィクション」というジャンル自体が提案された概念上の違いを立証するのか——あるいは、F

（1）二〇〇六年五月一八日、高等師範学校（パリ・ユルム）にて、「形而上学とサイエンス・フィクション」研究デーの一環として行われた講演の原稿。

HS小説はSFのなかに存在するのか。後者の場合、私の主張は以下の通りとなります。こうしたFHS小説は、もし存在するならば――SFというジャンルに入ろうが入るまいが――実のところサイエンス・フィクションとは大いに異なるフィクションの体制に属しており、それゆえに際立たせられねばならないものなのだ、と。それらはいわば「ジャンルのなかのジャンル」、「帝国のなかの帝国」を構成しているのです。

1 科学外フィクションとサイエンス・フィクション

サイエンス・フィクションと科学外フィクションとの違いの検証に移りましょう。

サイエンス・フィクションにおける科学《サイエンス》とフィクションの関係は、一般には以下のようであると思われます。すなわち、科学知識や科学による現実支配の可能性が変化――多くの場合は拡張――した、架空《フィクション》の未来を想像するというものです。前代未聞の可能性を開くこうした科学知識の変化によって、人間と世界との関係もまた変化します。サイエンス・フィクションのなかでは、起こりうる未来はどれほどの大変化を遂げていたとしても、それゆえ科学の範囲内に収まっています。あらゆるサイエンス・フィクションは、「予想される未来においても、世界を科学知識に従わせることはまだ可能である」という原理に、暗黙のうちに従っているのです。科学はその新たな力によって変貌するでしょうが、科学自体は依然として存在するでしょう。この種の文学を指す一般的名称（＝サイエンス・フィクション）は、当然そこから来ているのです。フィクションは、極度の変化をもたらすかもしれませんが、それはあくまで科学の内部においてのことです。たとえ見分けのつかないほどの姿になっていたとしても、科学自体はなおも存在しているのです。

それでは、「科学外世界のフィクション」あるいは「科学外フィクション」ということで、われわれは一体何を言わんとしているのでしょうか？　「科学外世界」とはいっても、われわれはたとえば人間が現実との科学的な関わりを発展させてこなかった（あるいはまだ発展させていない）世界のような単なる科学不在の世界、つまり実験科学が実際に存在しない世界の話をしているわけではありません。「科学外世界」とは、実験科学が原理的に不可能である世界のことを言うのであって、それが実際に未知の事実である世界のことではありません。ですから、科学外フィクションとは、実験科学がその理論を展開したり、その対象を構成したりできないように構造化された——あるいはむしろ構造を失った——世界を思い浮かべるという、想像の世界の独自の体制を定義するものです。ＦＨＳの指導的問題は以下の通りとなります。すなわち、科学知識にとって原理的に太刀打ちしがたいもの、自然科学の対象として設定できないものとなるためには、世界は一体どのようなものでなければならないのであろうか、と。

本講演における私のねらいは、こうした科学外世界の定義——今のところまだ非常に一般的で単に否定的なものでしかありませんが——に、正確な概念の内実を与えるということです。同時にそれは、私にとっては、そこにあるかもしれないまさしく思弁的な重要性を示すことでもあるでしょう。すなわち一方ではサイエンス・フィクションと科学外フィクションとの違いを意識すること、他方ではＦＨＳという、ＳＦとは異なる種類の想像の世界を開拓することの重要性です。

なぜこのような問題を提起するのでしょうか。私が科学外フィクションに関心を抱いているのは、それが、私自身が長きにわたって取り組んできたきわめて古典的な形而上学的問題の源泉であるからです。それは帰納の問題、より正確には、デイヴィッド・ヒュームが『人間本性論』において、またその後『人間知性研究』において提起したような、自然法則の必然性の問題です。さて、私が間もなくその本性を再確認することになるこの問題は、二〇世紀の最も重要な認識論者の一人であるカール・ポパーによって根本的に誤解されたように思われます。ポパーは事実、この帰納の問題を「ヒュームの問題」(2)という表現で呼んだ最初の者であることを自負し、この問題に厳正かつ独創的な回答をもたらしたと主張しました。私は、ポパーによるヒュームの誤解は、まさしく彼がFHSの問題をSFの問題と取り違えたことに由来するのだと指摘することから始めましょう。ポパーはヒュームの問題とは別の問題を提起しましたが、それは、別の種類の想像の世界が動員されていることを示唆しています。というのも、もしもヒュームが問題提起の際に、私の考えるように科学外フィクションの想像の世界を動員したのだとすれば、ポパーによって提起された問題のほうは、サイエンス・フィクションの想像の世界によってしか思い描きえないものであるからです。

第二段階では、カントが『純粋理性批判』――より正確にはカテゴリーの客観的演繹――において、ヒュームの問題に与えた回答を検討します。カントはポパーとは反対に、ヒュームの問題の本質を見誤ってはいません。彼は、科学が不可能になった世界を想像する、というヒューム自身の土俵の上で回答を出しているのです。しかし私は、〔カントの〕超越論的演繹の弱さは、科学外〔世界〕についての発達不十分な、いわば偏狭にすぎる想像に起因していると指摘することにより、カントの説にも批判を加えます。そして、科学外フィクションのより研ぎ澄まされた感覚が、ポパーのともカントのとも異なる、ヒュームの問題への第三の回答を打ち出すことを可能にするのだと証明します。

2　二つのビリヤード・ゲーム――ヒュームとアシモフ

a) 問題の定式化

ヒュームが因果的必然性の問題を提起している最も有名なテクストは、衝突の法則がもはや実証されなくなる、ある架空のビリヤードのゲームを描いたものです。以下は『人間知性研究』からの引用による一節です。

たとえば、私が一つのビリヤード・ボールが直線をなして他の一つのほうへ運動していくのを見るとき、そして第二のボールの運動が両者の接触ないし衝撃の結果として、たまたま私に示唆されたとした場合においてさえ、一〇〇にも及ぶさまざまな〔他の〕出来事がこの原因から等しく生じうることを、私は心に思い浮かべることができないであろうか。これら二つのボールは絶対的な休止状態で止まりえないであろうか。第一のボールが直線をなして戻ってくるとか、第二のボールを飛び越えて何らかの直線運動あるいは何らかの方向への運動をする、といったことはありえないであろうか。これらすべての想定は整合的であり、想念可能である。とすれば、他に比べてより整合的でも想念可能なわけでもない一想定をなぜわれわれは優先させるべきであろうか。われわれのア・

（2）　Karl Popper, *La Connaissance objective*, trad. J.-J. Rosat, Aubier, 1991, n.1, p. 43.〔ポパー『客観的知識――進化論的アプローチ』森博訳、木鐸社、一九七二年、六頁、註7〕

プリオリなすべての推論は、この優先についていかなる根拠をもわれわれに示すことは決してできないであろう[3]。

ヒュームがこの架空の場面において提起する問題は、経験も論理もそれについての確信を与えてくれない以上、物理法則が一瞬後にもまだ有効であることをわれわれに保証するものは正確には何なのか、何がわれわれをそのように確信させているのかを知るというものです。というのも、将来法則が変化するという想像には、いかなる論理矛盾もないのですから。そして、過去における法則の恒常性のいかなる経験も、その経験に基づいて法則が未来永劫続くと推測することを許しはしないのですから。実際、一方では、自然が時間 t まではいくつかの物理学的定数に従うが、時間 $t+1$ においては従うのをやめるということに矛盾はないでしょう。実体は、同時に、また同じ側面において a かつ非-a である場合のみ矛盾するのです。しかし、もし実体が a の状態（既知の法則に従う自然）であり、それから非-a の状態（既知の法則には従わない自然）になるのなら、論理上はいかなる問題もありません。ですから、自然はすでに公式に認められている以外の定数に従い始めることがありうる、という仮説に対し、論理的一貫性の名のもとで、常軌を逸しているとア・プリオリに反駁することはできないのです。さて、仮説をア・プリオリに（つまり経験とは独立して、純粋な推論によって）退けることはできないにしても、それをア・ポステリオリに、つまり経験に訴えて退けるという問題が残っています。しかし、経験とはその定義上、現在（私が今経験しているもの）と過去（私がすでに経験したもの）についてのみ、われわれに情報を与えてくれるものです。つまり、未来の経験などというものは存在しないのです。それでは、自然は明日も今日と同じように既知の定数に従うであろうという確信を、どうすれば経験をもとに正当化することができるのでしょうか？　おそらく以下のような反論がなされるでしょう。科学は——日食や月食が天文学者によって予測されるのと同様のやり方で——われわれが未来のいくつかの現象を正確に予測することを可能にする。そうした予測は数々の領域において幾度となく証明されてきた。それこそが、まだ実証されていない予測に関するわれわれの信頼の合理的（en raison）根拠となっているのだ、と。けれども、このような予測はなおも、現在の法則は未来の法則と同一であるという仮説に基づいています。それこそがまさしく証明すべきポイントなのです。たとえこれまで自然法則が恒常的であり続けてきた（そうした法則の本質的実在性ではなく、それを対象とする理論のみが発展してきたにせよ）としても、経験——再び、やはり現在または過去の——において、それがいつまでも同じであるとわれわれに保証できるものは何もありません。自然が明日にも、いやむしろたった今にもあらゆる理論やありうる経験を裏切って、ヒュームのビリヤード・ゲームのように好き放題をやり始めたりなどはしない、と私に確信させてくれるものは何もありません。「常識（bon sens）」を除いては何も、と言えるかもしれません。しかし、論理にも経験にも基づかない「常識」などというものは、はたしてどのように考えればよいのでしょうか？

提起される問題はそれゆえ、安定した自然についてのわれわれの確信が正当化されるのかどうかを知ること、そして——もしそうではないのなら——現実世界の未来の恒常性に対して日常においては

（3）　David Hume, *Enquête sur l'entendement humain*, traduction d'André Leroy, revue par MichellePeyssade, Flammarion, 1983, section IV, I, p. 89.〔ヒューム『人間知性研究　付・人間本性論摘要』斎藤繁雄・一ノ瀬正樹訳、法政大学出版局、二〇〇四年、二六—二七頁〕

かくもまったき信頼を寄せることをわれわれに許している、この主観的な確信がどこから来ているのかを理解することとなります。周知の通り、ヒューム自身は、過去における経験的恒常性の習慣(habitude)のみが、未来は過去と同じようなものになるであろうとわれわれに確信させる――そうした判断にいかなる合理的根拠もないというわけではないにせよ――のだと考えています。言い換えるなら、懐疑哲学は、因果的必然性が本当に存在するのかを証明する代わりに、そうした必然性が存在するというわれわれの確信の心理学的な根源を明らかにするにとどまっているのです。この解決は、理性に対して発せられたこの難問を自ら解決しようとしたヒューム以後の人々――主にカント、次いでポパー――を満足させるものではありませんでした。

最も新しい解決から始めましょう。カール・ポパーがその古典的著作『科学的発見の論理』[4]のなかで述べ、その後の著作でも考察を掘り下げ続けた解決です。

この解決は、原理としては非常に単純です。もしもポパーに、ヒュームのビリヤード・ボールが先述の気まぐれな(fantaisiste)振舞いをしないことを保証するものは何か、と尋ねたなら、彼は、保証するものは何もない、と答えたことでしょう。そればかりでなく、こうも言ったでしょう。結構なことだ、こうした可能性は何ら気まぐれなものではなく、まったく真剣に受け取られねばならないのだから、と。事実、ポパーによれば、われわれの未来予想とは、本質的には新たな(つまりまだ公式には認められていない)実験によって反証可能である理論的仮説から構成されるものです。ある理論を科学的なものにしているのは、ポパーにとっては、それが原理的に実験によって反証可能であるという、まさにその事実なのです。実験科学のダイナミズム――物理学者たちが新しい仮説を提唱し、古い仮説を退け、対抗理論を厳正な試験にかけるという不断の運動――を説明するのは、こうした科学的推測の本質的な反証可能性なのだ。ポパーはそう断言することで、ある理論の決定的真理を経験的「検証」の数を増やすことによって確立すると主張する「機能主義」に反論します。実際、われわれが理論に経験的証明をいくつ差し出そうとも、理論とはいつでも新たな経験によって反証され、物理学の可能性の新たな地図を描くいっそう強力な新理論に凌駕されることがありうるものなのです。それゆえ、あれこれの出来事が決定的に不可能であると「物理学の名のもとに」断言することは不可能です。未来についての予断を下すことが決してできない以上、科学の現状の見地においてしか、そのように言うことはできないのですから。

したがって、ヒュームや彼以後の経験論者たちのようなやり方で、明日も太陽は昇るとか、あらゆる生物は最後に死ぬとか、パンは滋養になるとかいったことを何がわれわれに確信させてくれるのか、と問うても無駄です。そうしたことはまったく必然的ではないというしかるべき理由（raison）がある以上、それをわれわれに確信させることができる（あるいはさせるべき）ものは何もありません。そのうえ、そうしたことはいつでもそうであったわけではないのです。

ポパーは『客観的知識』において、「既定の法則」の以下の三つの典型的な例は実際に反証可能であると断言しています。太陽は二四時間に一度沈むという法則は、マルセイユのピュテアスが極圏で「氷結した海と真夜中の太陽」を発見したときに反証されました。すべての生物は死ぬ運命にあるという法則は、「細胞分裂による増殖は死ではないため、細菌は死なないということが発見されたとき

（4） Karl Popper, *La Logique de la découverte scientifique*, traduction de Nicole Thyssen-Rutten et Philippe Devaux, Payot, 1973.〔ポパー『科学的発見の論理』上下巻、大内義一、森博共訳、恒星社厚生閣、一九七一―一九七二年〕

に」反証されました。パンは滋養になるという法則（ヒュームのお気に入りの例の一つ）は、「人々がいつものパンを食べて麦角病で死んだ」日に反証されました……。[5]

ビリヤード・ボールの事例に戻るなら、ポパーに従えば、未来においては何らかの理由――実験の状況を変化させうる（たとえばボールを金属製にする、強力な磁場を発生させるなど）とか、いつの日か現在のわれわれの能力を超えた科学の進歩によって、ボールの動き回る重力場に変化を与える方法が発見されるかもしれないとか――でボールが実際に思いがけない振舞いをするかもしれない、と言わなければならないでしょう。

したがって、ポパーの主張するヒュームの問題の解決の原理は次のようになります。すなわち、あらゆる出来事は、いかに奇妙に見えようとも、現在・未来の科学の状況に適合するものであると。それゆえ、理性（raison）――論理のそれであれ、実験科学のそれであれ――の名のもとでは、いかなるものも論外とすることはできないのです。

さて、『人間知性研究』において定式化された真の問題に関して、なぜこのような解決が誤解であると申し上げたのでしょうか？　まず、ポパーの解決が、サイエンス・フィクションのそれと完全に同質の想像の世界に属していることに注目しましょう。科学的理論に関する反証主義は、実際われわれに何を認めることを要求するのでしょうか？　現時点では検討されていない他の諸理論によって将来その理論が反証されるかもしれない、ということです。ポパーがこのような反証について挙げた例はもちろん過去に属していますが、彼の認識論の原理は、すでに生じたものとちょうど同じぐらいラディカルな断絶（ruptures）――たとえばニュートン力学が、一般相対性理論や量子物理学ほどに革命的で一八世紀の人間には予見不可能であった理論のために失効を経験したような――の可能性を、未来に投影することなのです。われわれは、たとえ未来の物理学や生物学がどうなるのか知ることも垣間見ることすらもできなくても、現在の科学が過去の時代の科学に対してそうであったのと同じぐらい現在の科学とは異なる未来の実験科学の可能性を受け入れなければなりません。ポパーの認識論に到達するには、まさしくサイエンス・フィクションを思い描くことが必要です。しかしそれは不確定なサイエンス・フィクションです。というのも、われわれは未来の科学の確実な内容を創出する代わりに、そのような来るべき〔科学の〕内容とはおそらくまったく異なる存在を、現在のわれわれの知識の観点から想定するにとどまるのですから。

それでは、ポパーによるヒュームの誤解とはどのようなものなのでしょうか？　ポパーが実際に提起しているのは、「われわれの理論は将来新たな実験によって反証されうるであろうか」という問題です。したがって彼の問題は認識論的なもので、科学知識の本質に関わっています。しかし、ヒュームの問題とは反対に、それは存在論的なものではありません。ヒュームの問題は単なる科学理論の安定性（stabilité）ではなく、物理法則そのものの過程の安定性に関わるものです。ところでポパーは、反証主義を通じて、この存在論的問題を扱ってはいません。実際彼は、新たな実験はわれわれの理論を反証しうると述べています。しかし、彼は公式に認められた古い実験が、未来永劫同じ結果をもたらし続けるであろうという点については些かも疑っていません。まったく同一の状況であれば、（彼によれば）つねに同じ経験が生じるでしょう。前例のない状況のみが前例のない結果をもたらしうるのです。このことは彼の提示する例からもはっきりと見てとれます。太陽が二四時間ごとに昇らない

（5）Karl Popper, *La Connaissance objective*, op. cit., p. 51-52.

のは、極圏付近においてのみである。パンが滋養にならず人を死に至らしめるのは、致死性の菌による場合のみである。ポパーによれば、状況に変化が起こらない限り、太陽が突如として重力に従うのをやめ、太陽系の外側を「一まわり」しにいくのを目にしたりすることは決してないでしょう。滋養を与えてくれるパンと同一組成のパンが、突然何の理由もなしにそれを口にする人への毒となったりもしないでしょう。というのも、仮にそのようなことが起ころうものなら、もはやわれわれは、前代未聞の経験に適応するために理論を刷新すべきであろう科学ではなく、物理法則そのものの崩壊によって不可能になった実験科学を相手にしているということになるのですから。もしも現象が、同一の状況においてまったく異なる、そのたびごとにまったく予見不可能な結果をもたらしていたなら、廃止されるべきは経験的手段による理論の実証、あるいは——ポパーの用語に従えば——験証（corroboration）の発想そのものです。というのも、そうした経験的手段は依然として同一の状況における同じ実験の再現可能性に基づいているからです。実際、科学実験とは決して単一の観測——学者は目撃者によって信頼できると推測された性質を理由にそこに与するわけですが——から生じるものではありません。科学実験とは、同じプロトコルが守られたなら最初の観察が再現されるという、あらゆる実験室の有する本質的可能性から成り立つものです。統計学の法則ですら、ある種の結果の恒常性に基づいており、そうした恒常性のおかげで、同一の実験状況で同じ結果——少なくともそれ自体安定した範囲内の結果——に対する同じ一連の確率を実証することができるのです。もし同一の諸実験の結果からあらゆる恒常性を取り除いたなら、実験の原理——同一条件における任意の現象の再現——は崩壊し、その理論が決定論的であろうと確率論的であろうと、自然科学の可能性もまた同時に崩壊するのです。(6)

b）プリス教授の犯罪

科学そのものが不可能になった未来世界、というこの仮説こそが、真のヒュームの問題です。ポパーの問題――われわれの理論への保証の問題――はサイエンス・フィクションの問題、可能な科学が未来永劫存在することを前提としたフィクションにおいて繰り広げられる問題です。しかし、ヒュームの問題のほうはもう一つの想像の世界、すなわち科学外フィクション――いかなる科学理論も現実にはもはや適用できないほどにカオス化した未来世界のフィクション――の想像の世界を動員しています。そして、フィクションの二つの体制――ＳＦとＦＨＳ――のあいだのこうした違いは、真の形而上学的争点にかかわるものだと言うことができます。なぜなら、ポパーはその違いを誤解したがゆえに、自身の認識論的問題をヒュームの存在論的問題と混同することになったのですから。

ヒュームの問題とポパーの問題の違いを要約するために、気まぐれな軌道をとるビリヤード・ボールの例に戻ることができます。ヒュームによれば、問題は、ボールが単に予想外であるばかりでなく、原理的に（en droit）予測不可能・モデル化不可能（公式化された法則のみならず、公式化可能なあらゆる

（6）『科学的発見の論理』（op. cit., chap. X, p. 257-258〔下巻、三二一―三二三頁〕）において、ポパーは彼の問題――すなわち、理論は「新しい実験によって反証」されうるという問題――と彼が「自然過程の不変性」と名づける別の問題との違いを明確に引き出している。この後者は、自然の規則性の起こりうる変化の問題であって、理論のそれではない。したがってそれは、われわれの言うところの真のヒュームの問題である。さてポパーは、この後者の問題は反証主義の管轄ではなく、それなしでは「実践的行為」を考えることが難しくなるであろう「形而上学的信念」に由来するものだと強調している。ポパーの問題（理論の反証可能性）が真の意味でヒュームの問題（自然過程の起こりうる変更可能性）を論じたことは決してないと指摘しておくにしくはないであろう。

法則をもすり抜けてしまうため）な軌道をとらないだろうことを保証するのは何かというものです。ポパーによれば、問題は、不確定な未来において、まだ公式化されていない法則と結びついた前代未聞の状況が、（科学の未来の状況にとっては原理的に予測可能だが）われわれの現在の知識にとってはまったく予想外の軌道をボールにとらせることはないだろうとわれわれに保証するのは何かというものです。第一の問題はサイエンス・フィクションの境界の外側に、第二の問題はサイエンス・フィクションそれ自体に属しています。

ところで、この違いを見事に——あたかもわざわざそのために書かれたかと思われるほどに——描き出したサイエンス・フィクションのテクストが存在するのです。それはアイザック・アシモフの小説で、タイトルは……「ビリヤード・ボール」[1]です。この小説は、サイエンス・フィクションの物語をミステリと組み合わせることを趣旨とした作品集『アシモフのミステリ世界』[7]の最後を飾っています。アシモフはこの「ビリヤード・ボール」のなかで、相対性理論を専門とするある理論物理学の天才によって犯された可能性のある殺人——ビリヤード・ボールによってなされた殺人——の物語を語ります。すぐにわかるように、筋立ての全体はビリヤード・ボールの予想外の軌道に基づいています。しかしこの筋立ての核心——問題はそこにあるわけですが——は、この予想外という性質を、ヒュームの問題のFHS的領域ではなく、ポパーの問題の領域において——したがってサイエンス・フィクションの想像の世界のなかで——理解しなければ意味をなさないものなのです。

物語のあらすじを振り返ってみましょう。物語の語り手である科学ジャーナリストは、現代最高の科学者ジェイムズ・プリス教授が殺人犯ではないかと疑っていることを、ある私的な手記のなかで告白します。彼の語る出来事は以下のようなものです。ジェイムズ・プリスは、同時代のいかなる科学者よりも誉れ高き人物ですが、青年時代の仲間で同級生のエドワード・ブルームの陰にいつも隠れたままでした。ブルームは理論的な才能をまるで欠いているものの、同時代の最も難解な理論――とりわけプリスの理論――の応用の天才として知られるようになりました。ブルームは一種のスーパー・エジソンであり、莫大な収益をもたらす実用的な発明によって、大金持ちであるとともに非常に――プリスよりもはるかに――有名になっています。というのも、プリスの名声は職業科学者としてのそれを決して超えない限られたものであったからです。この二人の男のあいだで、暗黙のライバル関係と一種の相互の嫉妬が育っていきます。彼らはそれぞれ相手の享受している類の承認をひそかに羨んでいるのです。このライバル関係は、ともに手練れのプレイヤーとして知られていたプリスとブルームが若い頃から習慣としてきた、週に一度のビリヤード・ゲームに結晶します。

市民的・友好的な外観の下に隠されたこの敵対意識は、ブルームがプリスの反重力場の理論を応用すると主張したときに白日のもとにさらされることになります。プリスは、二つ目のノーベル賞を受賞したこの理論において、重力にこれを弱めることのできる電磁場を対抗させることにより、あらゆる重力効果を消去するという理論上の可能性を証明しました。ただしプリスによれば、この可能性は理論の上では真でも実践面では不可能です。というのも、そうした効果に必要な電磁場は必ず無限大

〔1〕 邦題は「反重力ビリヤード」（深町眞理子訳）。アイザック・アシモフ『アシモフのミステリ世界』小尾芙佐・他訳（早川書房、一九八八年）所収。

（7） この小説はアシモフの別の作品集 *Robot qui rêvait*, J'ai lu, 2008〔原題：*Robot Dreams*〕においても読むことができる。以下の八一―一一八ページ〔頁付は誤りか。原書では七七―一一七頁に同作品の仏語訳があわせて収録されている〕も参照のこと。

でなければならず、それゆえ技術的には実現不可能であるからです。ブルームはこれに異を唱え、無限大の電磁場なしで反重力装置を作ってみせると宣言します。二人の議論は白熱し、両者の名声が危機にさらされ始めます。しかし一年後にブルームはうまくいったことを告げ、この成功の最初の公開実験を見届けるようにと世界中の新聞やテレビ局を招待します。しかし彼はまた、もちろんプリス教授をも――陰険にも――この公開実験に招くのです。全世界の前で、その輝かしい理論の見事な応用を認めるようにと。

全招待客が揃うと、ブルームはめいめいに実験室に来てほしいと願い出ます。そこには彼らをあっと言わせる装置が待ち構えています。ずらりと器具の並んだ部屋の中央にはビリヤード台があり、その中央には眩いばかりの垂直の光の帯が走っています。そこでブルームは次のような説明を行います。うまくいくとは確信しているが、自分はまだ反重力光線を有形物で試したことはない。それを行う栄誉はプリスのために残しておきたいと思ったからだ。どうか彼にビリヤード・ボールを中央の光線のもとへと送り込んでほしい、と。一科学者へのオマージュと見せかけて相手を全世界の前で笑いものにする、このうえなく悪意に満ちた行為です。プリスはそうすることで、永遠の敗北となるビリヤード・ゲームの栄誉をライヴァルに譲り渡すことになるのですから。ブルームの予測によれば、ボールは光線のなかで重さを失い、ゆっくりとその最高点まで昇っていくのが見えるはずです。光線の眩さのために、参加者は皆サングラスを着用しています。そのため、ブルームがそう告げたときのプリスの表情は見ることができません。初めは呆然と立ちすくんでいたプリスも、落ち着きを取り戻したように見えます。彼はビリヤード台に近づき、ゆっくりとねらいを定めます。ボールが打たれ、跳ね返って複雑な軌跡を描き、ついに光線のなかに入ります。雷鳴のような音が轟き、一同はパニックに陥ります。そして静寂が戻ったとき、ブルームは遺体で発見されます。その心臓は、ビリヤード・ボールによってぽっかりと貫かれていました。

それゆえ、まったく思いがけない出来事が起こったのです。ボールは、われわれの物理学だけでなく、プリスとブルームの物語《フィクション》上の物理学から見ても常軌を逸した軌道をたどりました。もしこの小説がヒューム的なもの、つまり、科学外フィクションであるならば、この常軌を逸した出来事についてこれ以上言うべきことはなく、われわれは筋立てに不満を覚えることになるでしょう。しかし、幸いにもこの小説はサイエンス・フィクション、つまりポパー的なものであり、筋立ては鮮やかな結末を迎えます。プリスは最後に科学の用語でこの惨事の原因を説明します。彼はいつもゆっくりと思考することで有名なので、それに気づくことができなかったのだというのです。プリスの言によれば、爆発が起こったのは、重力から解き放たれた物体は無重量状態の物体の静けさで動くのではなく、無質料物体の速度、すなわち光子の速度――つまりは光速で移動するという事実によるものです。かくして物語は、語り手のジャーナリストの次のような不安げな問いかけで締めくくられます。もしもプリスが、衆目の前で名声を傷つけられるという一世一代の危機を目前にして、何が起こるかを瞬時に理解していたなら？　そして、ビリヤード・ボールがライバルへの永遠の報復を遂げるのに必要な軌道を計算する時間をとっていたのだとしたなら？

おわかりの通り、この小説は、ポパー的であるからこそ機能しています。予想外の出来事も、物理法則がそれを説明することができる以上、原理的には予想外ではない、という事実に基づいているからです。事実、この小説の肝は、プリスが実際には何が起こるか予想していたという、永遠に立証できない可能性にあるのです。小説が機能するためには予想が可能でなければなりません。出来事はそれゆえ理論的法則に従わなければなりません。科学者がその法則を直ちに理解して犯行におよんだのかは永遠に知ることができないままです。

この小説の彼方に、われわれのフィクションの二つの体制の、今度はまさしく文学的な価値に関わる、より一般的な結論が浮かび上がると思われます。すなわち、サイエンス・フィクションだけが、筋立てのある物語――もちろん現実離れしているが、一貫性のある――の構築を許すのだと。実際、サイエンス・フィクションにおいて、われわれは一般に別種の物理学〔理論、自然〕が支配する世界に住んでいます。しかしそれは、法則自体がすべてきれいさっぱりなくなってしまった世界、ありとあらゆることが好き勝手に、いつ何時も起こりうる世界ではありません。たとえ別の秩序に支配されていたとしても、われわれがなおも世界――秩序づけられた全体性――を相手にしているからこそ、物語は作られうるのです。そうした世界では、個人はいつでも自らの行動の結果を予測することができるため、自ら行動すること――場合によっては殺人計画を練ることさえも――ができます。これに対し科学外フィクションでは、どんなものであれいかなる種類のいかなる秩序をも打ち立てることはできず、したがっていかなる物語も作られえないのです。もしそれが真実なら、科学外の世界について語ること自体がそもそも間違っているのでしょう。というのも、科学を生ぜしめることのできない世界は、もはや世界ではなく純然たるカオス、何物にも秩序づけられない純然たる多様性となるでしょうから。それこそがまさにカントの主張であり、ヒュームの問題に対するカントの解決を構成するものなのです。『純粋理性批判』の著者〔カント〕によれば、もし法則が必然的でなければ、いかなる世界もいかなる意識も生じえず、一貫性も脈絡もない純然たる多様体しかなくなってしまうでしょう。さて、われわれは、この主張に対しては異議を唱えうるということを示そうとしています。なぜなら、科学外の世界が、そしてこうした世界が複数あることさえもが、実際には、「非一貫性」抜きに想像可能であるからです。それゆえわれわれは、科学外世界の形而上学的妥当性――そうした世界を、その可能性が否定できない世界とすることによって――とその文学的価値――そうした世界を、フィクションの筋立てが可能な場とすることによって――とを同時に証明することを試みます。

3　超越論的演繹とＦＨＳ世界の三つの類型〔2〕

a）気まぐれビリヤードへのカントの反証

ヒュームの難問に対するカントの『純粋理性批判』における回答は、「超越論的演繹」の契機、より正確には「カテゴリーの客観的演繹」の契機を構成するものです。ここでは詳細を繰り返すことはせず、その大まかな戦略を振り返るにとどめましょう(8)。

カントの用語では、悟性のカテゴリーを「演繹する」とは、それを経験に適用するのを正当とする

〔2〕原著ではこの「超越論的演繹とＦＨＳ世界の三つの類型」に「2」、続く「科学外フィクションと物語」には「3」という節番号が与えられている。ここでは前の節との関係に鑑みて、訳者の責任で続き番号に修正した。

（8）客観的演繹は『純粋理性批判』の初版（1781）第2章第3節にみられる。同書第2版（1787）においては、同じ第2章の第2節、§15から§24――とりわけ§20から§21――を占めている。私はアラン・ルノー訳、フラマリオン社、二〇〇一年のページ付に即してカントを引用する（一七八一年版はA、一七八七年版はBと記される）。一七八一年の客観的演繹に関する一貫した注釈としては、次を参照。Jacques Rivelaygue, *Leçon de métaphysique allemande*, tome II, Grasset, 1992, p. 118-124.

ということです。経験が個別の状況のみをわれわれに提示するのに対し、カテゴリーは因果性――同じ原因はつねに同じ結果を引き起こす――のような「普遍形式」であるという点で、この正当化は自明ではありません。さて、因果性のカテゴリーの演繹――カントは他にも一一のカテゴリーを列挙していますが、われわれはこれだけを扱うことにしましょう――は、ヒュームの問題を解決するのと同じことになります。というのもそれは、公式に認められた原因は、同じ状況において普遍的に同じ結果をもたらすであろうと断言することであるからです。カントはしたがって、物理法則の必然性に対するわれわれの信頼の正当性を確かに認めようとするのですが、そうするのに、たとえばライプニッツのような思弁的形而上学者のやり方をとろうとはしません。ライプニッツ主義者なら、ヒュームの難問に直面したとき、おそらくこんなふうに答えたでしょう。かしこき神の存在は証明可能である。神はあらゆる可能世界のなかで最良の世界――つまり、われわれの世界――を創造し、維持することを「心に（à coeur）」かけておられるのだから、と。世界の恒常性はそれゆえ、絶対者の不変の叡智によって担保されているのです。周知の通り、カントはこのようなやり方をとりません。というのも、彼は一般に絶対的真理に担保されたあらゆる思弁的思考の形式を拒否するからです。彼の戦略はむしろ、物理法則の恒常性の背理法的証明を試みるというものなのです。

　この問題は以下のように説明することができると思います。ヒュームは、彼がわれわれに想像するよう提示したビリヤード・ボールが、物理法則の純然たる非恒常性のために気まぐれな軌道をとる可能性を排除することを何がわれわれに許しているのかを問うています。カントの解決の原理は次のようなものです。われわれの想像するこの場面は、いかなる場合も決して知覚することができない。なぜなら、このような場面を可能にしうるもの――自然法則の偶然性――は、対象のあらゆる知覚、あらゆる意識を不可能にするであろうから。実際、ヒュームのビリヤード・ボールの場面が場面として想像可能なのは、ボールが戯れる背後の「環境」自体がずっと安定しているためです。ビリヤード台や、プレイヤーのいる燻った部屋、そしてプレイヤー自身――要するにビリヤード・ボールを取り囲むコンテクスト全体が、諸法則の偶然性という、前提となる仮説に矛盾しているのです。こうしたコンテクストは、より広くボールを取りまく世界、つまり自然法則に非の打ちどころなく従い続ける自然の永続性を証明しています。さて、もし自然法則がボールの場合にたまたま失効するのならば、その法則は全般に失効することになるでしょう。したがって世界そのものが崩壊し、それとともに、世界に対するいかなる主観的表象ももちろん崩壊するでしょう。

カントによれば、ヒュームの議論の欠陥は、科学の条件を意識の条件と切り離した点にあります。実際ヒュームは、科学が不可能になった世界をわれわれが意識している状況を提示しています。われわれはなおも対象――ビリヤード台、ボール――を知覚することができるが、対象のほうは科学理論では説明できないいかなる振舞いをもする、という世界です。しかし、カントにとって、科学なき意識とはあらゆる論証の崩壊にほかなりません。科学の不在、すなわち科学によって知られうる世界の不在においては、意識が存続することはできないであろうというわけです。これは、そのような科学や自然法則の崩壊がある日われわれの前に現れることの不可能性を証明するものです。われわれはヒュームの「ビリヤードの場面」を決して目にすることはないでしょう。われわれの世界がある日崩壊することが不可能である――思弁的形而上学者のみがこの不可能性を絶対的な形で確言することができるでしょう――からではなく、この世界の崩壊とはそれ自体（ipso facto）、そうした光景を見届けることのできる意識を含めた、あらゆる形の世界の崩壊にあたるからです。

われわれはここでカントの議論を一字一句繰り返すつもりはありません。ここで述べるのは、われわれが彼の意図と信じるところのものであり、それは以下の段階に従っています。

1. 法則が所与のものを支配しなくなり、物体がその恒常性を失うと仮定してください。すると科学は不可能になりますが、そのことをわれわれが知覚することは決してできません。せいぜいそれを夢想するぐらいが関の山でしょう。なぜなら、カントによれば、知覚と夢想との違いは専ら、物理的恒常性に従う物体と従わない物体との違い（これは彼の観念論の結果なのですが）によるものだからです。私は物自体ではなくその表象しか相手にしたことがないので、客観的表象（私の経験の産物）と空想的表象（私の想像の産物）との違いは、カテゴリーによって秩序づけられた（したがって因果的秩序のある）表象と、継起の恣意性（観念なき夢想）以外の何によっても秩序づけられない表象との違いへと帰着します。もし自然の事物が因果の連関に従うのをやめたなら、あらゆるものは夢の色合いを帯び、われわれはいかなる場合にも、自分が奇妙な現象を夢見たのでも空想したのでもなく知覚したのだということを確認することができなくなってしまうでしょう。

主観的演繹[9]のなかの有名な辰砂についての夢幻的場面が説明しうるのが、この論証の第一段階です。カントはそこで次のように書いています。

もし辰砂が赤かったり、黒かったり、軽かったり、重かったりするならば、またある人間がこの動物の形に変えられたり、あの動物の形に変えられたりするならば、また夏至において土地が作物に覆われていたり、あるいは氷雪に覆われていたりするならば、私の経験的構想力は、決して赤色の表象において重い辰砂を思いつく機会を獲得できないであろう[10]。

ここで、カントによって喚起された想像の世界——そこではあらゆるものが夢という一貫性を帯びています——は、ヒュームによってビリヤードの場面で引き合いに出された想像の世界、すなわち科学外の想像の世界、FHS的な想像の世界と同質の想像の世界であるということを強調しなければなりません。カントは、すでに述べたように、ポパーの犯した間違いをもはや犯してはいません。彼は科学外フィクションの問題とサイエンス・フィクションの問題を混同してはいないのです。彼はヒューム自身の土俵——法則なき現実——でヒュームに対峙し、自らのカオス概念をもってヒュームに異議を申し立てます。カオス対カオス、辰砂対ビリヤード。カントのこうしたカオスの最初の犠牲者は、幻覚と見分けのつかなくなった知覚です。

2. しかし、カント流のカオスとは、「辰砂」の場面が描き出しているカオスよりも、したがってヒュームのビリヤードの場面のカオスよりも、一層強烈であるということが明らかになります。なぜなら、もし法則がそこから消え去るなら、現実は、カントに従えば、もはや夢の一貫性——そこでは私はまだ、崩れ落ちる辰砂、動物に変身する人々、一日のうちに季節がめぐる土地といった対象をかろうじて識別することができるのですが——すらも持たなくなるでしょうから。法則なき現実は、実際にはあまりにも不安定すぎて、こうした生成中の実体を素描することすらできません。あらゆる実体は生まれるや否や砕け散り、何かを何かと区別する暇もないでしょう。

(9) 客観的演繹はカテゴリーが経験に適用されることを確立するが、これに対し主観的演繹はこの適用がいかに——どんな能力や例によって——行われるかを検討するものである。

(10) Emmanuel Kant, *Critique de la raison pure* (A, p. 100-102).〔カント『純粋理性批判』上巻(カント全集・第四巻)有福孝岳訳、岩波書店、二〇〇一年、一八〇頁〕

3．しかし、あらゆる時間的連続性が断たれてしまったからには、このような身の毛もよだつ荒廃の光景を体験することができる自意識という形のもとで私自身を維持することはできなくなるでしょう。というのも、私自身の記憶もまた、生起するとともに消え去っていくであろうからです。すべては奥行も自らの過去との関係も持たないカオスの点の一時的・記憶喪失的な直観に帰してしまうでしょう。現実は、私の夢と同じぐらい非現実的なものとなった後、どんな夢よりもさらに非現実的になり、こうした全滅を夢見る者をその虚無へと陥れるでしょう。あとには意識も一貫性もない、純然たるカオス的多様体しか残らないでしょう。

このように、カントの証明は、事実による（par le fait）証明であることがわかります。つまり、ヒュームによって仮定された諸法則の偶然性は、もしもそれが真実なら、表象と世界の消滅を含意するでしょうから、世界の表象が存在するという事実自体がヒュームの仮説への反証となるのです。そして、後ほど再び述べるように、この物理法則の偶然性という仮説が失効すると同時に、可能な文学ジャンルとしてのＦＨＳ的な想像の世界（カント的アプローチではあらかじめ禁じられると思われる）もまた失効するということを付け加えなければなりません。なぜなら、このような想像の世界は、いかなるものも存続しえず、他と区別のつかないようなまったくの無秩序という単調さに陥ることを余儀なくさせられると思われるからです。

b）非カント的世界の可能性

しかしながら、科学外の想像の世界についてのこうした見解によって、われわれは直ちにカントの解決の弱点でありうるものを突きとめることができます。実際、カントによって説明されたものよりもはるかに安定した、それ自体としてはるかに興味深い科学外世界を想像することを、結局何が妨げるというのでしょうか？　必然的法則に従わない世界を想像することがどうしてできないのでしょう？　つまり、どちらかといえば不安定で、あちこちで不条理なことが起きるけれども、全体としては規則的——といっても必然的な因果の過程から生じたわけではない規則性ではありますが——な世界を？　言い換えるなら、大筋においては事実上（de fait）規則的であるが、その規則性はあくまで近似的なものであっていかなる普遍的法則から生じたわけでもない、そんな世界が存在する可能性を排除することが、どうして彼にできるでしょう？　法則のない世界は、なぜ確実にこれほどにも激烈に不安定でなければならないというのでしょうか？

カントはわれわれにこう言います。もしわれわれの世界がいかなる必然的法則にも支配されていないのなら、世界のいかなるものも存立することはできないと。しかしわれわれはこう答えたいのです。いかなる法則にも従わない世界が、秩序あるものではなくカオス的である理由はない、つまり、そうした世界に何かを押しつけることが正確には不可能である以上、無差別にそのいずれでもありうるのでなければならないと。結局のところ、私にはカントがここで、必然性のない世界と根源的カオスとの同一性を明言することを彼に許す、ある暗黙の法則に頼っているように思われます。その法則とは、確率論的（probabiliste）法則です。カントは明らかに以下のような暗黙の推論を行っています。もし世界に法則がなかったなら、もしその最小の構成要素がおしなべていかようにも振舞うことができたなら、その世界が包括的で持続可能な秩序——たとえばわれわれの向き合っている自然のような——を構成するに至るのは並外れた偶然の巡り合わせ（hasard）であろう、と。しかし、もしそれがカントの推論であるならば、彼に対してこのように答えるのはたやすいことです。いかなる法則にも従わない世界が、確率論的あるいは統計学的な法則に従わなければならない理由はどこにもない、と。あらゆる健全な蓋然性に反するものも含め、自らを世界に形成する一つの包括的な秩序――にもかかわらずそのなかではヒュームのビリヤード・ボールのようにある種の細部がいつでも「脱線（déraper）」しうるような秩序――を構成することを彼に禁じうるものは何もありません。われわれはそこから、超越論的演繹の弱点は、FHS的想像の不十分な実践に由来するのだと気づくのです。というのも、より研ぎ澄まされた科学外フィクションの想像力は、世界が将来法則なき世界に変容する可能性や、さらにはわれわれがすでにそうした世界に住んでいる――そのカオス的な細部がまだわれわれにとって明確な形では現れてはいないにせよ――という可能性を排除することを彼に禁ずるでしょうから。

こうした科学外世界の仮説をわれわれが自ら掘り下げようとするならば、意識と科学の可能性の条件が同じ――つまり法則の必然性――であるとするカントの主張が分析に耐えないものであることに実際に気づくでしょう。というのも、われわれはこの仮説と明白に矛盾する世界を、いくらでも虚構化することができるのですから。

その結果、ヒュームの謎――物理法則の必然性や、未来におけるその持続性をいかに証明するか――に対するカントの解決、すなわち超越論的演繹による解決は、カント自身にとっても最初にそう思われたほどに満足なものではないとわかることでしょう[11]。

実際、われわれは科学外世界の三つの類型を思い描くことができますが、カントの説明に対応するのはそのうちの一つだけで、あとの二つの類型は彼の想像に反しています。

a. 類型1と呼ばれる世界は、不規則ではあるものの科学や意識に影響を及ぼすほどではない、あらゆる可能な世界です。そうした世界は、科学の実践をまだ許容するため、厳密な意味での「科学外」ではありません。しかし、法則の厳格な必然性が科学と意識双方の可能性の条件であるとする主張に反する世界ではありえます。

このような世界には原因なき出来事が含まれるでしょうが、それが起こる機会はあまりにも稀で「発作的」なので、意識や科学を危険にさらすほどではないでしょう。こうした出来事は、観察可能ではあるものの規則的なやり方で再現することはできない、因果の断絶から構成されているでしょう。

このような世界が科学を危機に陥れることはないでしょう。なぜなら、一証言を生ずることはできても、観察のプロトコルを生み出すことはできないような出来事に対して、科学は構造的に無関心であるからです。仮にこの世界で誰かがほんの数分間常軌を逸した現象を観察したといっても、科学者にはそれについて言うべきことはないでしょう。それは必ずしも、目撃者の誠実さを疑っているからではなく――相手が狂ったか幻覚を見たかしたのだと思っているからでもなく――単に科学というものが、再現可能性の保証された観察手続きのないような出来事についてはどうすることもできないからです。物理学上はありえそうにない出来事に関する複数の証言があったとしても、そして、こうした出来事が物理学上実際に不条理である世界を前提としていた場合でさえも、実験科学はそれを――文字通り――気にかけはしませんし、危機に陥りさえしません。なぜなら、実験科学に固有の領域――再現可能な実験／経験（expérience）――が、この種のカオスによって損なわれることはないから

（11）この批判のより正確なバージョンについては以下を参照のこと。*Après la finitude. Essai sur la nécessité de la contingence*, édition revue, Seuil, 2012, chapitre 4.〔カンタン・メイヤスー『有限性の後で――偶然性の必然性についての試論』千葉雅也・大橋完太郎・星野太訳、人文書院、二〇一六年、第4章〕

なるでしょう。

です。科学にとっては、「一時的に原因のない」あらゆる現象は、存在しないか、まだ実証可能な原因を持たないか——それゆえ科学自体の存在にとっては何の影響ももたらさないか——のいずれかとなるでしょう。

意識についていては、それが〔科学よりも〕いっそう消滅しやすいと考える理由はありません。夢や幻覚は、不条理な現象の突然の生起を実際に知覚するのとは識別できるものとして存在し続けるでしょう。もちろん、原因なき出来事の目撃者はいずれも、自分が夢や幻覚を見ていたのではないかと自問する権利を持っていることでしょうが、そうではないと考えるいくつかの明確な理由を有してもいるでしょう。というのも、大部分が規則的であるこの種の世界では、目撃者は、出来事のコンテクストが夢〔眠っていなかった、観測の後に目を覚ましたという感じはしなかった〕や幻覚〔こうした世界では、幻覚はいくつかの既知の病理と結びつけられるでしょう〕のそれとは同じでなかったとみなすことができるでしょうから。そのうえ目撃者は、いくつかの場合においては、間主観性という確かな基準に訴えることもできるでしょう。というのも、そうした出来事が大勢の目撃者の前で起こり、したがって彼らが互いに、自分たちが夢を見ていたのではないという事実の保証人となっている場合がありうるからです。人々は、「学者にとっての」——実験室で随意に再現可能な——出来事という確たる領域の傍らに、「目撃者にとっての」——再現不能で、頻繁でもなく、しかし確かに現実の——出来事があちこちに存在するような世界で生きることになるのです。

類型1の非因果的世界は実際に思考可能であるため、科学も意識も、因果性の原理の厳密に普遍的な適用をその可能性の条件としていないことは明白です。どちらも、因果性の原理に控え目に抵触する世界においては可能であり続けるでしょう。

b．類型2の世界は、その不規則性が科学を無効にするには十分だが、意識を無効にするには不十分であるような世界です。したがって、こちらは真の科学外世界となります。

　このような世界においては、非因果的な無秩序を免れる出来事の領域はもはや存在しないでしょう。実験室内の実験のほうも著しく多様な結果をもたらし、自然科学を構成する可能性を打ち消すでしょう。しかし、この種の世界――最高度の非一貫性――においては、日常生活はなおも諸々の安定性――もちろん非常に不完全ではあるが、なおも意識の存在を許す程度には十分強固な――を当てにすることができるでしょう。それは、「事物の偶発的事故（accidents de choses）」、物質的なものの突然の「脱線」、人間の生活のすべてを破壊するには稀にすぎるが、確実な科学実験を許すほど稀ではない数々の偶発事が起きる世界です。周縁は気まぐれなものになるけれども、そうした気まぐれがいかなる隠れた意図性にもよってはいないような世界です。物事の年代記（chronique）にしがみつくよりほかないような世界です。われわれ自身の科学理論の語彙で表現するなら、たとえばこんな言い方をするかもしれません。「○日から△日にかけて、『実験室』の自然は相対性理論的ではなくなり、ニュートン力学へと後退した」。あるいはまた、「□日から×日にかけては反対に量子物理学の真の『刷新』があったが、とりわけ南半球の実験室においてのことであった」等々。それゆえ、もはや自然の成り行きから――厳密な意味で科学的な――普遍法則を引き出すことはできず、振舞いの諸々の変動を記録するほかなくなるでしょう。毎回定められた時と場合に当てはまる極めて多様な理論が、そうした振舞いを説明できることがあるかもしれません。

　しかし、より厳密に考えましょう。実は、いかに明白な不規則性も、見かけの無秩序のもとにいかなる隠された法則も存在しない、ということを証明するのには決して十分ではないのです。明白な無秩序がどのようなものであれ、ベルクソンがライプニッツに続いて強調したように、人はいつでもそこに未知の秩序、あるいは、われわれが予期した秩序とは一致しない秩序を見出しうるのです。それゆえ、科学外世界においては、自然の年代記の見かけ上の無秩序のもとに隠れた法則が存在しているのだと想像することがいつでもできるのです。しかしこうした世界では、自然の不条理な変化の背後にこうした秘密の法則を探し求めることに固執する者は、われわれ自身の世界においていまだに人間の歴史の推移を説明・予測する定量的法則を見出そうとしている人々と同じぐらい風変わりに、あるいは虚しく見えるでしょう。

こうした世界では、先ほどの「事物の偶発的事故」という隠喩を敷衍するなら、われわれは他の車に囲まれたドライバーのような具合で諸事物の中心にいることになるでしょう。つまり、一般には現実世界の合理的な振舞いをあてにすることができるけれども、自然の不条理な振舞いを排除することは決してできないというわけです。ちょうど、交通規則を守らないドライバーと隣り合うのを防ぐことは決してできないように。したがって、警戒心の強化がこのような自然――急激な進路変更は免れないが、全体としては「規則的」である自然――の帰結となるでしょう。路上事故はこうした頻度の法則に従いうるものです。たとえリスク評価の正確なパーセンテージが頭にあるわけではなくても、われわれはまさにこうした頻度に基づいて警戒心を働かせているのです。同じことは、類型2の世界にも当てはまります。現実の振舞いのもっともらしさは、たとえひどく不確かな形であるにせよ――というのも、一般的頻度は身を破滅させるような例外を決して排除はしないため――、そこでの一般的な経験上の統計を編み出し、行動・生活するに足るものです。自然の規則性は結局のところ社会の規則性と近いものになるでしょう。つまり、日常生活を可能にするのに十分なほど安定してはいるが、正確な予測を生み出したり突然の大事故を回避したりするには予見不可能にすぎるということです。

しかし、ある種の恒常的な「統計」を類型2の世界に与えることは、結局、自然科学――頻度に関する、萌芽的な――の端緒がそこでも依然として可能であると認めることにはならないでしょうか？二種類の規則性――類型2の自然と、社会――のあいだの類似をより正確なものにし、いかなる実験科学にも服従しない世界を思考することを可能にするには、そこに歴史の次元を加えなければなりません。一八世紀末のある人が、当時のパリにおける馬車の事故のおおよその頻度を見積もろうとしたとしましょう。この人が二一世紀のパリにおける馬車の事故数はゼロに近くなると知っていたなら、ある世紀から別の世紀にかけて馬の安全性における進歩が大きな躍進を遂げたのだと推論したかもしれません。これは、当時は存在していなかった交通手段のために、馬車というものがパリからほぼ完全に姿を消してしまうということを予見できなかったためです。このように、社会の規則性――それは個々の予見不可能性にもかかわらず、短期的・中期的には他者の振舞いの定量可能な蓋然性に基づいて生活することをわれわれに許しています――は、より大規模な歴史的変化の蓋然性と手を取り合って進みます。この歴史的変化は、今度はいかなる定量的法則にも従いえないため、いっそう深い意味で予見不可能です。しかし、こうした時代の変化は、経験的な種類の因果法則に組み入れることこそ不可能ですが、最大の歴史的変動、つまりある時代から別の時代への移行期においてさえ、社会的規則性のあらゆる痕跡を除去してきたわけではありませんでした。したがってわれわれは、同様にこう言うことができるでしょう。すなわち、類型2の世界の「人間」もまた、日常的な一定不変の特徴の漸進的な――しかしまったく予見できず、頻度に関するいかなる研究もすり抜けてしまう――変容と結びついた、「自然の時代の変化」を知っているであろうと。しかし、歴史的変化が場合によっては感づかれうるのとは異なって、こうした変容は立証可能な原因を今度は完全に欠いているでしょう。それは自然のなかに「時代」をもたらしますが、その長期的な変化は、短期的な「事物の動揺」にさらに付け加わることになるのです。こうした世界においては、原因なき出来事が――あらゆる厳格な蓋然性を逸脱した――不安定で奇妙な規則性を織りなすことでしょう。人間はそのなかでどうにかこうにか個々の生活を続けようとするでしょう。

要するに、周辺的な気まぐれやエポックメイキングな変化が生じうるこうした自然は、実際に思考可能なのです――そして、科学と意識との可能性の条件の脱連関も。科学の条件が消滅する世界は、必ずしも意識の条件もまた無効化される世界であるとは限りません。科学なき意識は、思考の消滅ではないのです。

c. 最後に、必然的法則を欠いた世界の第三の類型は、実際にはもはや世界ではないでしょう。それは、無秩序な変化があまりにも頻繁に起こるため、カントによって客観的演繹のなかで描き出されたカオスのように、科学の条件も意識の条件も無効になった場です。

それゆえ、われわれが虚構化してきた世界の三つのカテゴリーのうち、二つは超越論的演繹と矛盾しており、ただ一つのみが科学外フィクションによって生み出される世界を構成していることがわかります。それが類型２の世界、すなわちＦＨＳ－２世界です。

さて、このＦＨＳ－２世界は二重の重要性を提示します。まず、この世界はその思考可能性のみで、ヒュームの謎の解明におけるカントとポパーの二重の失敗を要約しています。つまり、われわれは依然としてそのような世界が存在しうるという可能性に理性を用いて反駁することはできません。したがって、科学外の自然の可能性を提示することには、まさしく思弁的な重要性があるのです。それはヒュームの難問について一から考え直すことをわれわれに強く促します。事実、先の二つの試みがいずれも自然法則の必然性とその将来における安定性に対するわれわれの信念を放逐するに至っていたのは明らかであるように思われます。しかし、われわれがこれから明らかにするのは、自然法則の偶然性（contingence）は、不条理性のない、つまり思考可能かつ（カントやポパーによって）反駁されていない仮説であるということです。それでは、この可能性（éventualité）をわれわれが実際に受け入れることを妨げているのは何なのでしょうか？　なぜ論理（無矛盾律）と（現在あるいは過去の）経験がわれわれに訴えかけてくること——つまり、現在の世界がいつかわれわれの足元で崩れ落ちるかもしれない不安定な基盤の上に成り立ちうるのを妨げるものは何もないということ——を受け入れないのでしょうか？　ここに解決の第三の選択肢が浮かび上がります。それはもはや確立することのできないもの——法則の必然性——を確立することではなく、逆に、自然の恒常性の実質的偶然性（contingence effective）を確立したうえで、そこから生じるより大きな問題に取り組むというものです。すなわち、もし世界にいかなる必然性もなければ、見たところ申し分のないその規則性、類型1の世界のそれよりもさらに完璧な規則性は、いかにして可能なのか、という問題です。[12]

しかし、他のところで扱った問題に取り組むことはやめておきましょう。というのも、ここでの私の意図は別のこと、つまりサイエンス・フィクションと同じ想像の世界に属さないものとしての科学外世界の「文学的」重要性を検討するということであるからです。ＦＨＳはＳＦに匹敵しうるような

（12）再び『有限性の後で』第4章を参照。

物語のジャンルとして考えることができるものなのでしょうか？

4　科学外フィクションと物語

ＦＨＳ小説は存在しうるのでしょうか？　もしそうであるならば、いかなる条件のもとで？　あるいはこの種の小説――「サイエンス・フィクション」と銘打たれつつも、実際には別種の想像の世界に属しているのだということを私が全力で示そうとしてきた小説――は、すでに存在しているのでしょうか？

a）三つの方法

ＦＨＳ小説を作り上げることの困難さ――また一見してそれらの小説に孤絶した異質性を構成することを余儀なくさせていると思われるもの――は、通常であれば物語から追放されねばならないものである恣意性から出発する、という点です。それも単なる恣意性ではなく、あらゆる瞬間に繰り返し生じうる恣意性です。サイエンス・フィクションの読者は、空想未来小説に最大限の気まぐれな前提を認める心構えはあるにしても、作者がそれらの前提を厳密に守り抜くこと、そして自らの作った世界に原因も理由もなく断絶を持ち込まないことを要求します。そうした断絶は、物語全体のあらゆる面白みを奪ってしまいかねないからです。実際、以下のことをよく理解しなければなりません。もしある世界においてヒュームの仮説通りのことが起こったとすれば、そこには文字通り何物によっても生じたわけでもない（par rien）出来事――言い換えれば無から（ex nihilo）の突然の出現――が存在するということになります。というのも、それ自体は上位の秩序の法則や原因によって引き起こされたわけではない法則の変化を想像することが必要になるからです。そうした場合、われわれはなおも、定数およびある特定の合理性、あるいはそのいずれか――物理学的定数やデミウルゴス的な、つまり神の合理性――によって支配された世界にいることになるでしょう。これが物語の領域に移し込まれると、あちこちに根拠のない――語られる一連の出来事によっては説明できない――切れ目が挿入されることになるでしょう。言い換えれば、駆け出し作家の誤謬も、存在論的な根拠を持つ、ジャンルの特徴となるのです。そうした場合、それでも物語を構築するにはどうすればよいのでしょうか。FHS－2世界の冒険に飛び込むことに何らかの旨みはあるのでしょうか?

まず、FHSの物語とはどのようなものでなければならないのかを、より正確に理解しましょう。FHSは以下の二つの要求に従わなければなりません。a）現実であれ想像であれ、いかなる「論理」にも説明できない出来事が起こる。b）科学についての問いは、否定的な仕方においてではあるが、確かに存在している。われわれは科学というものが全面的であれ、部分的（化学、物理学、生物学などといった諸々の分野において）[13]であれ、突然不可能になる――あるいはそうなる途上にある――世界を相手にしなければなりません。あるいはよりラディカルな別の可能性として、常軌を逸した出来事の頻出によってはるか以前から受け入れがたくなっている科学が、その影響を痛感させる不在という形

（13） 科学がその分野のうちの一つの崩壊によってさらなる影響を受けることなしに「部分的に」存続することは不条理であるという点については了解済みである。科学が完全に保たれることなく保たれているということは、それが全体の一貫性において完全に崩壊しているということの言い換えにすぎない。

でつきまとい続けるような世界を提示することもできます。上記の二つの特徴は、ＦＨＳを英雄ファンタジーやルイス・キャロル風のナンセンスと区別するのに十分です。事実、後に挙げた二つのジャンルにおいては、科学が欠けているようには見えません。というのも〔そこでは〕科学は異なる論理、あるいは物語や状況を充たしその筋立ての一貫性を保証する異なる現象支配の体制――ファンタジーにおける原中世世界の魔術であれ、『アリス』の物語におけるパラドックスやパロディであれ――に取って代わられているからです。ＦＨＳにはこうした「異端的一貫性」が欠けています。ＦＨＳは代替（rechange）の一貫性を意のままにできず、いかなるものにも正当化されない断絶によって、そうした裂け目を持つ物語を構成する義務を負いながらも、自らの筋立ての構造をむしろ引き裂かざるをえません。

この困難を克服するには、三つの解決――この一覧が網羅的であるとは言いませんが――があるように思われます。トリスタン・ガルシアの学識豊かな助力のお陰で、私は三つのＳＦのストーリーのなかにこの三つの解決（solutions）――ここでは「解決（résolution）」と「断絶（solution de continuité）」の両方の意味で〔この語を〕用いています――の例を見出しました。ただし、それらはまだほんの初期形態にすぎません。というのも、これらの小説は――まさにそれが「サイエンス・フィクション」であるがゆえに――一見不合理な諸々の出来事をそのつど因果の論理に帰着させて終わるからです。ただしそこには、次第にＦＨＳに侵食されていくＳＦの可能性とアイディアとが見出されます。そうした侵食の結果、物語は――これから引用する例でのように因果の懐に戻るのではなく――ついにはその文学ジャンルを変更するに至るのです。

1. 第一の解決は、ただ一つの断絶、単一の物理的カタストロフィを取り入れるというものです。この断絶は、主人公をある説明不能の現象が大々的に生じた世界へと一夜のうちに突き落とします。ロバート・チャールズ・ウィルスンの『ダーウィニア』[14]は、このようなジャンルの出発点となるシチュエーションを提供してくれます。一九一二年三月、ヨーロッパはその住民もろとも一夜にして消え去ります。あとには同形の大陸が残されますが、その植物相や動物相はあたかも先祖の進化のオルタナティブな所産のごとく、まるで未知のものです。この出来事はあらゆる科学的な——とりわけダーウィン的な——説明を真っ先に危機に陥れます。この新大陸は皮肉にもそこから「ダーウィニア」の名を与えられるわけです。しかし、最終的にはこのカタストロフィの意味が明らかになります。このような置き換えが起こった地球は、もともとの惑星ではなく、一種の銀河のノウアスフィアによって生み出された、地球のアーカイブ——最も進化した状態における全生物の総体——だというのです。このノウアスフィアは、宇宙を脅かす熱死に抵抗するために自らの過去の記憶を肥大化しようとします。ある機械的で有害な生命体が、自らの破壊的化身にとって好都合な場所を見出すために暴力的修正を試みたのが、この地球のアーカイブです。かくして登場人物は、自分たちが自らのデータの部分的消去に直面した、意識を備えたアーカイブであるということに気づくのです。

2. 第二の解決は、一種のナンセンス〔——ただしキャロル作品でのような精緻なパラドックスに支配されたものというよりは、単なるウケねらいの——〕を生み出すために断絶を増やすというものです。

(14) Robert Charles Wilson, *Darwinia*, traduction de Michèle Charrier, Denoël, 2000.

実際、作者が予想外の不条理な状況を生み出すためにそれを利用するのならば、唯一のカタストロフィよりはむしろ多くの恣意的な出来事のほうが受け入れやすいものです。実際、類型2の世界は場合によってはうまく活用しうる一種の喜劇の力（vis comica）を持っています。

ここでは、ダグラス・アダムスの『銀河ヒッチハイク・ガイド』[15]を思い浮かべることができるでしょう。滑稽でサイケデリックな、一種のビートニクSF小説とも言うべきこの小説では、「無限不可能性生成機」なる機械がとてつもなく不条理な出来事を無作為に引き起こし、直近の惑星の地表にミサイルがまさに墜落しようかというその瞬間に、それをペチュニアの鉢植えや思索にふけるマッコウクジラに変えてしまうのです。とはいえ、ここで問題になっているのは偶然の法則に従う（無限の「不可能性」を生み出す）機械ですし、その上この生成機はそれ自体が確率論的な推論の助けを借りて発明されたものなのです。この推論は、たとえあらゆる小説同様に冗談同然のものだとしても、だからといって一貫性の点で劣るわけではありません[16]。結局この機械はあらゆる機械と同様に随意に作動させたり停止させたりすることが可能であり、したがって制御不能な定義による原因のない出来事を代表しているわけではありません。

3．さて、最後の解決は、現実世界が徐々に崩壊し、われわれにとって次第になじみのないものになっていくという、不安定な現実の物語です。こうした物語は滑稽な解決と同様に断絶を増やしていきますが、今度はそれが息苦しくなるような漸進的解体の道筋を辿るのです。

今度はフィリップ・K・ディックの傑作の一つ、『ユービック』[17]――現実が通常の一貫性から次第に逸脱していく作品――を思い浮かべることができるでしょう。この小説では、登場人物はあらゆる物理学に逆らった二つの異質な「論理」に対応する二系列の出来事に直面します。一方は老いたり退行したりする物や人間で、突然期限切れになる電話帳や、昔の通貨になる現行通貨のコイン、買った途端に萎れる植物、一晩でミイラになる若い女性の身体といったものです。他方では、最近殺された男の肖像や彼についての言及が、何の理由もなく常軌を逸した場所や状況に繰り返し見出されます——彼の顔が硬貨に現われ、彼の名がマッチ箱に書かれたりテレビCMで流れたりするのです。こうした世界の構造喪失は悪夢のような雰囲気を作り出しますが、それは滑稽さと同様にＦＨＳ－２世界に見合ったものです。しかしまたしても、これらの過程についての因果論的な説明が唐突に訪れます。これは実はとある人々の精神世界だというのです。彼らは、冷凍保存された半生命の状態で、自分たちもまた殺されたのだということに気づきます——恐るべき精神力を備えた、やはり昏睡中の少年によってゆっくりと食い尽くされながら。

要するに、可能なＦＨＳ小説のための三つの解決とは、カタストロフィ、滑稽なナンセンス、そし

（15） Douglas Adams, *Le Guide du voyageur galactique*, H2G2, I, traduction de Jean Bonnefoy, Gallimard, 2005.〔ダグラス・アダムス『銀河ヒッチハイク・ガイド』安原和見訳、河出書房新社、二〇〇五年〕

（16） アダムスは、実験の行われている研究室の片付けをしていたある学生が無限不可能性生成機の有限不可能性を計算することを思いつくまでは、有限不可能性生成機しか作れなかったのだと説明している。これがうまくいった結果、件の学生は称賛されるが、その後その成功を妬んだ「名高い」物理学者たちによってリンチに処される羽目になった（p. 116-118〔一一六—一一八頁〕）。

（17） Philip K. Dick, *Ubik*, traduction d'Alain Dorémieux, Robert Laffont, 1970.〔フィリップ・K・ディック『ユービック』朝倉久志訳、早川書房、一九七八年〕

て没入小説における胸疼く不安定性となります。しかし、こうした科学外への糸口は、SFの語りの特徴である原因と理由の異端的論理によって、そのつど回収されてしまうのです。

b）プロトタイプ的FHS

しかし私はついに、誤ってサイエンス・フィクションと銘打たれた真のFHS小説を発見しました。それは、〔FHSという〕文学ジャンルが存在し、さらには持続的な大衆的成功を獲得することさえもが可能であるということを、ただ一作で身をもって証明しています。それはルネ・バルジャヴェルの『荒廃』(18)です。

『荒廃』は先の諸例と同様にSFの文脈に接ぎ木されたもので、この文脈をそれとは異質な論理で汚染します。しかし、上述した他の三つの小説とは対照的に、この小説は、それを最終的にサイエンス・フィクションの懐に戻らせるような原因と理由の論理には「回収」されません。

二〇五二年に時代設定されたこの物語では、突如として電気が存在しなく――あるいは少なくとも表には現れなく――なります。しかし、注目すべきことに、バルジャヴェルはこの現象に対して実際まったく説明を与えようとはしません。彼は大異変がその時代のパリやフランスに与える影響や、そこで主人公と主要登場人物がいかに生き延びようとするかをひたすら叙述するだけです。登場人物はこの〔電気の〕消滅に対し、科学的ないし神学的な仮説（天罰、太陽の斑点の変化）を立てたりもしますが、そもそもほんの概略を示されたにすぎないそうした判断を裏づけるものは何もありません。「高地都市」（いくつもの巨塔の聳えるパリ）に対する出来事の破壊的影響、すなわち火事や航空機の墜落、水不足、パニックや略奪の場面のみが重要になるのです。惨事は国全体に広まり、語り手はその様子を主要登場人物が都市の中心部から離れた場所へ逃げるのに即して描き出します。バルジャヴェルが巧妙なのは、読者が——電気の消滅という思いがけない結果に有無を言わさず従わされ、圧倒されていく登場人物にも劣らず——この現象の本性について自問する時間も余裕もないほど、息もつかせぬ物語を作り出しているということです。

この消滅に対する次の二つの主要な言説は、それゆえ無知の告白であり、ＦＨＳ－２世界の典型的な仮説を提示しています。その一つ目は、以前は高名であったが、今となっては無能になってしまった模範的科学者のポルタン教授によって発せられます。教授は路上で彼の姿を認めた群衆——自らのパニックの重圧に耐えかね、直後に教授を足蹴にして死に至らしめることになります——に向かって次のように訴えかけます。「電気の消滅は、自然と論理のあらゆる法則に違反している。電気が死んでわれわれが生きているなんて、さらにありそうもないことだ。何もかも気違いじみている。反科学的、反合理的な悪夢だ。われわれのあらゆる理論、あらゆる法則が覆されているのだ(19)」。第二の言説は、フォーク博士——小説中では災害のさなかでさえ保たれる「常識」を擬人化しています——によって主人公に向かって語られるものです。

だが、電気は消滅したわけではいないのだよ、若き友よ。もし電気が消滅したのなら、われわれもまた存在しないだろうし、無に帰るだろう。われわれも、宇宙もだ。起こったのは、電流の現れ方

(18) René Barjavel, *Ravage*, Gallimard, 1996.
(19) René Barjavel, *Ravage*, op.cit., p. 123.

の変化なのだ。［……］自然の気まぐれ、神の警告だろうか？　われわれは宇宙に住んでいて、それを不変のものと信じている。なぜなら、宇宙がつねに同じ法則に従うのを経験してきたからだ。しかし、あらゆるものが突然変化し始めることを妨げるものは何もない。砂糖が苦くなったり、鉛が軽くなったり、石が手を離すと落ちる代わりに飛んでいったりするというようなことをね。われわれは何ものでもないのだよ、若き友よ、われわれは何も知らないのだ……[20]。

したがって、いかなるものも排除はされません。いかなる全知の語り手にも立証したり効力を弱めたりすることのできないこうした言明によって、あらゆる仮説――科学の常識からの逸脱であれ、未知の合理的秩序によるいっそう根源的な介入をも排除しない「自然の気まぐれ」であれ――はそのまま維持されます。すでに述べた通り、ＦＨＳ－２世界においては、法則の存在を明白に排除することは実際には不可能です。というのも、神によってあらかじめ熟慮された摂理（Providence）の観念とは一見矛盾するような突然の奇跡に関してライプニッツが想起させたように、所与の秩序の見地におけるあらゆる見かけ上の偶発事は、より複雑な秩序の存在と両立可能なのですから[21]。重要なのは、説明という観念すらもその争点からは排除されていること、そしてその世界の住人たちが、予見不可能、識別困難となってしまった状況の不測の事態で頭をいっぱいにしているということなのです。

一九四二年に完成され、一九四三年に出版されたこの小説が、当時ペタン元帥によって約束された「大地への回帰」を痛ましくも想起させることは周知の通りです。事実、この小説は見え透いたイデオロギーにどっぷりと浸っています。「都市」とその巨大な塔は堕落したバビロンの都を表し、風紀が穢れなきまま保たれたオート＝プロヴァンスの田舎――戯画的なほどすべてを要約した姓を持つ主人公「フランソワ・デシャン〈François Deschamps〉」〔des champs は「野原の」「田舎の」の意〕の出身地――がこれと対照をなします。電気とその科学の消滅はしたがって一義的な災難としてではなく、逆に再生の機会として提示されているのです。『荒廃』とは曖昧な題名です。この言葉は小説内には一度も現れませんが、それゆえ退廃した文明の崩壊による動乱とともにこうした文明自体の影響をも意味しうるものなのです。デシャンは生存者集団のリーダーとしての大移動の末、生まれた土地に戻り、そこに農村共同体を築きます。そこでは健全なる無知が、堕落をもたらす知への回帰を回避することになるでしょう。

したがってこの科学外フィクションは、バルジャヴェルにおいては、当時非常に浸透していた政治情勢――近代性全体への反対ゆえの科学への反対――から生じたものであると理解されます。私はここから、この小説の反動性のもう一つの起源でありうるものを見出しました。それはレオン・ドーデ

（20） René Barjavel, *Ravage*, op. cit., p. 151-152.
（21） ライプニッツは、世界とは諸現象の可能な限り最大の多様性を最高秩序と組み合わせる法則を展開するために久しい以前から計画されたものであるという考え〈諸世界の最良の定義〉に奇跡は背いていないと主張するにあたり、この事実をよりどころとすることができている。『形而上学叙説』§6を参照。「神は秩序からはずれることをいっさいおこなわず、また、規則にしたがわないような出来事は想像さえできない」。また、紙に描かれた点の例を参照。「じじつ普遍的秩序からみれば、すべてはこれに合致している。これはきわめて真なので、すっかり規則をはずれたようなものは世界に生じないばかりか、そのようなものは想像さえできない。たとえば土占いというこっけいなことをする者のように、紙の上にでたらめな点をいくつも描いてみるとする。それでもそこには、すべての点を描き手が置いた順番どおりに結べるような、その概念が一定の規則にしたがって恒常的で斉一的であるような、一本の幾何学的な線がみいだされうる、と私は考える」。Vrin, 1986, p. 32-33.〔G・W・ライプニッツ『形而上学序説 ライプニッツ－アルノー往復書簡』橋本由美子監訳、秋保亘・大矢宗太朗訳、平凡社、二〇一三年、一九―二〇頁〕

の『一九世紀の愚（*Le Stupide XIXe Siècle*）』です。この非常によく知られた一九二二年のパンフレットにおいて、アクシオン・フランセーズの論客〔ドーデ〕は、前世紀の、彼の目からすると不快な征服全般――政治的征服はもちろん、芸術的・科学的な征服さえも――を一刀両断にしようとします。ドーデはこの時代の学者による科学に対する評価を引き下げるにあたって、自らの悪しき信念という究極の手段に頼り、次の二段階で論を進めます。a）科学はつねに存在してきた。帆船での航海、衣服の製織、ワインやパンの製造――つまりあらゆる伝統的な技術はすでに科学であり、「本質的で文明化した生活と不可分のものとなっている」。b）いかなる一九世紀の発見も、このような「永続・不可分の性格」は持っていない。別の言い方をすれば、そうした新しすぎる発見はわれわれの文明の真の財産の外部にあるゆえ、脆弱なものである。よってドーデは以下のような辛辣な言葉を残します。「電気科学は、電気それ自体と同様、知的短絡《ショート》によって色あせ、消滅しうると思われる」[22]。バルジャヴェルがこの誹謗文を読んでいようがいまいが、電気に象徴される近代科学の消滅という考え、ほとんどむき出しの幻想の願望が、少なくとも二〇年ほど前から広まっていた――あるいは一部でささやかれていた――ということがわかります。

ですから、このＦＨＳ－２物語が生まれたあまり芳しくない文脈から目を背けてはなりません。しかし、成功した作品とはつねにその時代や、さらにはその作者の先入見の全体をも超えるものであると付け加えなければなりません。さて、『荒廃』をその退行的なコンセプト以上に興味深い冒険小説にしているのは、まずもって、すでに述べたように、動乱の理由に決して真相を与えず、現象をイデオロギー上の好みの点から解釈することを回避する知性をバルジャヴェルが有しているということです。科学が可能であり続けているという可能性は排除されません。というのも、最後にドゥニなる人物（ドゥニ・パパン[3]への参照）が蒸気機関を再発明し、この「犯罪」ゆえに、非科学の長となったデシャンによって殺害されるからです。知の可能性は存続します。なぜなら、自然の、したがって——そうであってはならない理由があるでしょうか——電気の法則の再発見のおそれが存続しているからです。叙述された時代の聖書的側面を考えるなら、天罰が下るという可能性もまた排除されません——とはいえ決して断言することもできないのですが。ゆえに単なる「自然の気まぐれ」も可能です。そうした気まぐれは、その最後の不条理性のありうべき影をこの世界全体に投げかけるのです。

そして何より、この小説は、当時燃え上がっていた歴史的カタストロフィ——一九四〇年五月の〔防衛線の？〕崩壊——や、その後の大動乱の一つ——光の消滅、すなわち占領下のパリを襲った一六時以降の灯火管制《ブラックアウト》——をまぎれもなく自然それ自体へと移し替えたという理由で注目すべきものです。これは、私が概略を示した類型2の世界と歴史上の予想外の出来事の急進性との比較にも一致します。敗北国の脆い国土（sol meuble）は、うつろいゆく自然の柔らかな土壌（sol meuble）へと変貌させられているわけです。したがって、筋立ての政治的軽率はほとんど重要ではなく、この物語の独創性の所以——真のＦＨＳの例、実体なき世界のなかで統御された物語であるということ——を打ち消すことはできないのです。

（22） Léon Daudet, *Le stupide XIXe Siècle*, dans *Souvenirs et polémiques*, Robert Laffont, 1992, p. 1191.

〔3〕 Denis Papin（1647-1713）はフランスの物理学者。蒸気機関の発明者として有名。

＊＊＊

したがって、科学外フィクションは確かに一つの完全なジャンルとなりうるように思われます。というのもそれは、構成された世界の周囲の無秩序にもかかわらず、物語を補強しうるさまざまな手法を利用することができ、何より、われわれの示した要求に早くも合致した実在のプロトタイプを有しているのですから。しかし、このジャンルはヤングアダルト小説とか冒険小説の――まずまずの、しかし限りのある――重要性を超えられはしないのではないでしょうか？　私には、さらなる可能性があるように思われます。伝統的なサイエンス・フィクションから出発し、それを世界の転覆によって科学外のものへと変質させ、次第に居住不可能になっていく世界に向けて、こうした状況悪化の企てを推し進めるのです。その結果、物語自体も徐々に不可能になっていき、自らに固有の流れへと閉じ込められたいくつかの生命を、さまざまな突破口のあいだで孤立させるに至ります。この生命は自ら科学なき精神的な経験＝実験を行い、ますます際立ったものになってゆくこの逸脱のなかで、あれこれのことに関する前代未聞の何かを見出すかもしれません。窒息するほどにまで推し進められる形相変化、経験＝実験不可能な世界における自我の経験。脆弱な強度は、その純粋な孤独に果てなく沈潜し、瓦礫の山以外のいかなる環境もないそこで、世界なき存在の真実を探究するでしょう。

訳者解題

本稿はQuentin Meillassoux, *Métaphysique et fiction des mondes hors-science*, Paris : Les Éditions Aux forges de Vulcain, 2013に収められた同タイトルの講演録の全訳である（同書にはこの講演録の第2節で参照される米国の作家、アイザック・アシモフのSF小説「ビリヤード・ボール」の仏語訳が併せて収録されている）。原註（1）でも示されている通り、本論は二〇〇六年にパリの高等師範学校で行われた講演を元にしたものであるが、上記の書籍化に先立つ二〇一一年、同講演に基づく（と思われる）同タイトルのテクストが、やや変則的な形で公刊されている。メイヤスーの思想に触発されたドイツのアーティスト、フロリアン・ヘッカーのサウンド・アート作品『Speculative Solution』（Editions Mego / Urbanomic）の付属冊子（ロビン・マッケイ編、英語および仏語）に収められた小論がそれである。このヘッカーの作品に関しては、『現代思想』二〇一六年一月号所収の佐々木敦氏の論考「エクストロ＝サイエンス・フィクションは可能か？」でも解説されているため、併せて参照されたい。ここでは、今回底本とした二〇一三年刊行の書籍が、この二〇一一年のテクストに対する一種の増補改訂版として位置づけうるものであるということのみを指摘しておく。

この改訂において、メイヤスーは主題である「科学外フィクション（fiction hors-science）」（FHS）の文学的可能性をめぐり、結論部に比較的大きな変更を加えた。すなわち、二〇一一年版においては「ある種の形而上学的重要性は持っているけれども、文学的な観点から言えばおそらくサイエンス・フィクションほどのポテンシャルを持たない」としていたFHSに、二〇一三年版では文学ジャンルとしてのより積極的な評価を与えることとなったのである。こうした論旨の変更に伴い、「文学」としてのFHS作品の実例が検討される「科学外フィクションと物語」の節以降（二〇一一年版においては節番号なしの結論部に相当する）には大幅な加筆・修正の形跡が認められる。たとえば、二〇一一年版では「カタストロフィ」型

ＦＨＳの例として紹介されていたルネ・バルジャヴェルの『荒廃』は、二〇一三年版では「プロトタイプ的ＦＨＳ」という新たに設けられた項目に移行し、代わってロバート・チャールズ・ウィルスンの『ダーウィニア』が「カタストロフィ」型の代表例として追加されることとなった。この他、全体を通じて注釈や小見出しが追加され、第2節・第3節でもいくらかの加筆修正が行われているが、第3節までに関しては論旨の上での大きな変更点は認められない。

最後に、既存の日本語訳との関係についても触れておきたい。前述した二〇一一年版のテクストは、二〇一二年一〇月～二〇一三年二月に東京都現代美術館で開催された展覧会「東京アートミーティング（第三回）アートと音楽──新たな共感覚を求めて」で件のヘッカー作品がマルチチャンネル・サウンドインスタレーションとして展示された際に、「形而上学とエクストロ＝サイエンス・フィクション」のタイトルで拙訳による日本語版が作成され、同美術館のウェブサイトでもその全文がＰＤＦ公開された（http://www.mot-art-museum.jp/music/FlorianHecker-textjp-121023-fix1_2.pdf）。この日本語版は、タイトルからもわかる通り、同テクストの英語版を底本としたものであったが、今回仏語の二〇一三年版に基づく訳文を作成するにあたり、最大のキーワード「エクストロ＝サイエンス・フィクション」（ＸＳＦ）を「科学外フィクション」（ＦＨＳ）に変更したのをはじめ、全面的な改訳を行ったことを付記しておく。なお、本文中での他の文献からの引用部分に関しては、邦訳書が存在する場合は原則的に原註内に示した版による訳を採用した。

V

『賽の一振り』あるいは仮定の唯物論的神格化

Le *Coup de dés*, ou la divinisation matérialiste de l'hypothèse

私がここでみなさんにお話ししたいのは、著作『数とセイレーン——『賽の一振り』解読』で論じたことについてであり、その狙いについて説明したいと思っています。これはある種、ステファヌ・マラルメの詩についての捜査のようなもので、この詩についてこれまで解釈されてきた伝統を受け継ぐものでありつつ、変えていく試みでもあります。戦後、マラルメはおそらく哲学者たちによって最も多くの解釈を受けてきた詩人ではないでしょうか。ヘーゲル『精神現象学』の翻訳者であるジャン・イポリットに始まり、サルトル、(ネガティブな言及でしたが)ドゥルーズ、リオタール、バディウなどといった者たちが『賽の一振り』の解釈を提示してきたのです。そこには各人の思考装置のなかで、この詩に戦略的な地位を与えるという意図もあったのでしょう。どちらにしても戦後以来、フランスの哲学者たちとマラルメのあいだにはまったく特異な関係が成り立っており、ここまで強い関係は他のいかなる詩人に対しても見られないものでした。

こうした解釈の歴史を振り返ることがここでの目的ではありません。ただ、詩だけではなく哲学においても重要なこの遺産をめぐる状況に、ある特殊なテーゼによって介入しようと考えました。それは『賽の一振り』の「物質的事実」と私が呼ぶものに関わっています。私はこのテーゼが『賽の一振り』解釈の全体に影響を与えるような射程を持つと考えています。

『有限性の後で』を読んだ人はおそらく、なぜ私が『賽の一振り』に関心を覚えたのか疑問に思うことでしょう。このような詩の分析が、万物の必然的偶然性について展開してきた私の思弁論的見解とどんな関係を持ちうるのか、と。このことについては言うべきことは沢山ありますが、ここでは長くなるので割愛します。ただ、説明がなければ理解不能になってしまうようなこと、つまり私が提示した分析においてこの詩がどのような意味を持つかについては省略するべきではないでしょう。そこでまず、誰の目から見ても明らかな、次のような事実について断言するところから始めます。すなわち、『賽の一振り』は、永遠の主題である〈偶然〉（Hasard）に捧げられた、私の知る限り最も重要な詩であり、現代人が自らのうちに認めるあの暗い絶対に対峙する人類の役割――マラルメにおいてはとりわけ詩人の役割――を主題とする詩である、ということです。こうした観点からマラルメを見た場合に私が強く印象を受けるのは、詩人が〈偶然〉を乗り越えがたいとみなしつつも、こうした〈偶然〉との関係から、神的なるものを希求するのを断念したりはしないというあり方なのです。しかもそうしたことが非常に独創的な形式で構想されているのであり、これを以下に示したいと考えています。

唯物論的身振りとエピクロス

『賽の一振り』を論じるにあたって、マラルメのこのような身ぶりの重要性は強調すべきところです。それは完全に「唯物論的」な身ぶりであって、唯物論者たる私にとっては興味をひかれるところです。というのも、私自身の哲学の道筋をたどるのであれば了解できる根本的なことなのですが、唯物論は無神論ではないからです。実際、唯物論とは神々を否定することにあるのではなく、神々を唯物化することにあるのです。この身ぶりを根拠づけるのはまさしくエピクロスです。彼にとっては神々は存在するけれども、人々の怖れや祈りの対象となるような群集の神々でも、宗教の神々でも、迷信の神々でもありません。エピクロスにおける神は原子的な存在であり、実際、不死の存在なのです。なぜなら、原子の増加と減少がつねに平行関係を保つような間宇宙的な領域において偶然に生まれ、それゆえに無限に物体を保有している存在だからです。したがって神々はわれわれ人間にかかずらうことはなく、人間もまた関係を持とうとはしません。天上の神々が地上のことに関心を持つことはありえず、また天上という場所を離れないという条件で、神々は不死なる存在なのです。またそれゆえに、神々はわれわれ人間と本質的に異なるものではないとされます。人間は、死すべきものであるという以外は神々と同等の存在であって、神々に比して重要な存在ではないというだけなのです。なぜなら、神的な存在であるということは、神がそうである可能性があるように、生によって満たされることに他ならないのであって、そのような至福の時は、人間にも神にも同等にあるのですから。つまりそれは結局のところ、人間の本性の限界づけられた欲求を満足させる幸福に帰着します。喉の渇きを水で癒すという幸福は、われわれ人間を神的なものと等しい存在にするとともに、神もまた喉を潤すということを意味するのです。

こうした厳密な意味でのエピキュリズムを超えたところでも、唯物論はこのような思想に深く根ざしています。唯物論という根源があったということはほとんど忘れ去られていますが、唯物論によって、偶然的な絶対に完全に保証された生に対応する神的な規範が存在することが明らかになるのです。「規範《ノルム》」はラテン語の *norma* の意味で理解すべきもので、すなわち「直角定規」という意味です。唯物論という神的な「規範＝定規」によって、主体は「背筋がまっすぐになり」、宗教や形而上学の力を借りずとも垂直性を見出すことができるのです。人間は神々とは分離されず、逆に真の神へのアクセス権を与えられるのですが、真の神とは物質的なものであり、偶然から生まれたものなのです。唯物論が非宗教的な思想として効果を発揮し始めるのはここからなのです。実際、無神論は宗教に対してつねに無力なものです。宗教の神々を否定することに満足してしまい、神々の不在にさいなまれ、自らが拒否するものを再び持ち込んでしまうのをやめないのですから。無神論（athéisme）という言葉自体が「無－神（a-thée）」というように神を呼び込んでいるのです。つまり、無神論とは宗教的な神に対して、神との関係によって否定的にしか定義されないものなのです。無神論が否定したものを再導入するやり方は不在や憑依という様式によるものであって、無神論そのものの不能のなかで無限に展開していくにすぎません。一方、唯物論は、絶対――〈偶然〉の純然たる非意味――、そして私が〈究極〉と呼ぶもの――純然たる偶然の神々、完全に不条理な生成から出現し最も成就した創造物――によって思考の空間を満たすのです。

これら二つの極限、絶対の〈非意味〉と神的なものが成就した偶然性のあいだで、唯物論者は生と思考を構成し、形而上学者および宗教に対する闘争と批判を組織します。懐疑主義に対しては、絶対を考えることはできると唯物論者は反論します。なぜなら、思考から絶対の把持という要素を排除することは、絶対を、いかなる理性にも染まらない信仰にのみ保持しておくことにつながるのですから。このような意味で、懐疑主義はつねに宗教的信仰の忠実な協力者なのです。一方、無神論に対しては、神々は実在する物質的な存在であり、われわれ人間の生存を疎外することなく導くものである、というのが唯物論者の主張です。理由律のさまざまな形式に従属するような形而上学に対しては、唯物論者はそこで言われるイデオロギーの必然性といったものが擬似的なものにすぎないことを暴くことでしょう。イデオロギーとは現状あるいは来るべき権力を正当化するものにすぎないのです。そして、本質的なものや観念的なものと誤解されている事象が偽のもので、実際には偶然であることが露わになるのです。

唯物論をエピクロスが提示した形式に還元することなく、彼のとった身ぶりに関連づけるならば、唯物論のみが、われわれ人間を宗教的な神々から解放させてくれる期待をいだかせるように思います。しかしここにパラドックスが生じます。それは唯物論が人間を、唯物論自身の神々からも解放してしまうというパラドックスです。唯物論の神々とは偶然の究極点でありつつ、永遠には存在せず磨り減ってしまう先端のようなものとして唯物論自身によって理論化されるものです。なぜなら唯物論の特異性――神々の否定にもまして非宗教的な立場――とは、次のような主張にあるからです。「たしかに神々は存在する。しかし二次的なものである。おそらくモデルではあろうが、従うべき主人ではない」。いわば、人間が生活するうえで着る服を簡単にデザインしてくれる店のオーナーのようなものかもしれないが、仕立ててくれるオーナーよりも仕立てられるドレスのほうが大事な、そんなオーナーにすぎないのです。エピクロスにとって、たしかに神々は重要な存在です。しかし、神々の実在に合わせて自らを形作り、今ここで自らの生を制御する、その仕方こそが神々よりもはるかに重要ではないか――、これも唯物論の主張でしょう。エピクロスにとっては「神々は存在するが、それが何か？」というものです。そんなことは賢者には二次的な関心事で、神々よりも人間のほうが問題なのです。神々は人間に関心を持っていても、われわれ人間は神々よりも自分自身に興味があるのです。これはまさしく、偶像崇拝とは正反対のものです。神はもともと存在するのだから作る必要などない、というのがむしろ重要なことなのです。神々の存在を認めるけれども、それは二次的な存在とするためであること。神々に従うのではなく、人間が神に対して有する知識を使うこと。ただしそれは「それ以上のもの」として関心を持つのを避けるためであるということ。そして何よりもまず、人間のなかの人間として十全に生きること。完全に真なる唯物論者が語るスローガンとは、一言で言えば次のようなものとなるでしょう。「神は存在し、実際に存在しうる。これは一つの事実であるが、本質的なものではない」。

更新された唯物論

こうした唯物論的身ぶりこそ、私が自らの哲学的探求において、自分なりのやり方ですが、現代によみがえらせようとしているものなのです。唯物論者は一方では、非意味や絶対の偶然性をラディカルに推し進める必要があるように思います。他方、この上なく根源的に突き詰められた偶然性が可能にするような神々の構成・配置といったものも考察しなければならないでしょう。それは必然性を欠いてはいるが、少なくともつねに実在しているような、不条理な生成の潜在的な様態なのです。私はたしかに、原子同士が偶然出会って生まれたものとして、神々が存在するとは考えていません。しかし、唯物論というのはまがりなりにも、偶然の産物かもしれないものの最も卓越した形態を思考することにあると、私は考えています。最も極限的な可能なるもののグラフを描き出すことなのです。そして、この可能なるものを夢想としてではなく実在する可能性として理解するなら、それ以後、可能なるものが存在に対して生み出す強力な効果に応じて生きることこそ、唯物論が意味するところなのです。

本来の唯物論が含んでいる神的な身ぶりをどうすればよみがえらせられるのか――、この問題を今日はこれ以上展開しません。ここでお話ししたいのは、こうしたことこそまさしくマラルメが『賽の一振り』で行ったことであるということです。それも彼にしかできないやり方、つまりありきたりの意味ではなく本来的な意味で「無神論的な」詩を作ることによって成し遂げたのです。というのも、彼はただ〈偶然〉の力のみによって、神的でありつつ完全に人間的な配置構成といったものを出現させるからです。唯物論的な神といったものが『賽の一振り』の各ページを支配しているのですが、神といっても二次的な神なのです。すなわち、われわれ人間の生にある影響を与えようとする神ではあるけれども、そんな神よりも一人ひとりの生のほうがより重要なのです。たしかに私は『数とセイレーン』の結論部で『賽の一振り』は「精密な無神論」によるものと言いました。けれどもここで言われているマラルメの精密な無神論というのは、皮肉をこめて定義されています。むしろ無神論の逆なのです。たとえば神的なものを〔マラルメが人類の奥底に眠る集団的精神を示すのに使った概念である〕〈自己〉〈Soi〉と〈偶然〉が織りなすものにするのであり、つまりは、無神論をはなれ真の力強い唯物論へと変化を遂げるものなのです。このようにエピクロスの身ぶりをマラルメは更新していると言えるのですが、それをこれから詳しく述べていきましょう。

韻律から数《カウント》へ

『数とセイレーン』の分析を振り返ってみます。『賽の一振り』に関して本稿の冒頭で触れた「物質的事実」とは、解読のプロセスというものです。ありていに言ってしまえば、マラルメの詩とは解読されるべき暗号であり、これは確信を持って言えることです。もちろん、このように断言することは繊細な問題をはらんでいて、暗号とか秘密のコードとか解読といったことを問うのは、妄想めいた主張にも聞こえますし、とくにマラルメのような晦渋な詩人について言うときにはなおさらだと思います。『数とセイレーン』での私はマラルメの詩の実際上の難しさに対して、失われた鍵を手に入れさえすれば秘密は解読できると、幼稚な考えを説く未熟な司祭のように見えていたのかもしれません。しかしここで示したいのは、『賽の一振り』はやはり暗号化されているということであり、そう考えるのに十分な理由がいくつかあること、そして最大の関心は詩が暗号化しているその内容ではなく、暗号化という事態そのものである、ということです。

マラルメのまったくもって独創的な点は、この暗号化という問題を用いて彼が生きた時代のさまざまな問題を解決しようと試みた点にあります。それはとくに「韻律」の問題であって、自由詩ではなく定型詩をなぜ選んだのかという問題にかかわるものです。マラルメは『賽の一振り』に至るまで（この作品は一八九七年に発表され、また別のバージョンが書かれていきますが）、定型詩しか書いていませんでした。つまりソネ（ソネット、一四行詩）といった定型や決まった音綴数、韻と結びついた韻律を採用しているのです。マラルメのこうした態度は一貫していて、一八八七年、自由詩というあの新しい詩形、言い換えれば詩形を拒否する新しい運動に直面して以来、ずっと変わらなかったものなのです。新しい世代の詩人たち（ギュスターヴ・カーン、ラフォルグ、アンリ・ド・レニエ、ヴィエレ＝グリファン、ヴェラーレンなど）にとっては、決まった音節数にはどんな数であれ従う必要性を感じなかったのであり、レパートリーと化した詩形や韻の法則はもはや過去のものだったのです。逆にマラルメは一八九七年まで韻律法を支持していました。韻律法とは、厳密に言えば音節数のことを指し、広義には一七世紀に確立して以来、ロマン主義においてマイナーな改変をされつつも主たる部分は受け継がれてきた詩法を意味するものです。とはいえマラルメは伝統的な韻律法を擁護しつつも、自由詩については好意的な意見を持っていたのです。自由詩が出現すると、彼はたちどころにその現代性を理解しました。この態度は、マラルメの詩を悪い冗談であると馬鹿にしたパルナスの詩人たち（ルコント・ド・リール、エレディア）には見られないものでした。

そして一八九七年、突発的なことが起こるわけです。形式的には自由詩よりもはるかに大胆な詩、『賽の一振り』に他なりません。この詩の謎は、他のマラルメの詩作全般の根本にある厳密な韻律法と、この見かけからすでに逸脱している驚くべき詩である『賽の一振り』のあいだを橋渡しするものが何も存在しないということです（もちろん前者においても自由詩的な逸脱に至らないまでも斬新な技法は見られますが）。『賽の一振り』は、最初に一八九七年に発表された際には誰からも理解されず、自由詩を作る詩人たちからも理解されなかったぐらいなのです。この突然の断絶の意味は何なのでしょうか？　韻律法から自由詩以上に自由な詩句への急転換の意味とは？　このことを考えるために次のような仮説を提示したいと思います。すなわち、『賽の一振り』は過激な形を見せていようと、実際には自由詩の一形態でも、韻律法の断固たる拒否でもなく、むしろ別の論理に由来するものなのではないか、この論理は、暗号の解読というプロセスの発見を通じてはじめて理解できるのではないか、という仮説です。このプロセスは奇妙に見えるものではあるけれども、たしかにこの完全な断絶の意味を解明してくれるように思います。また、暗号が存在するという解釈は結論ありきで出てきた話ではありません。言ってしまえば、マラルメ読解においては、安物の秘教性――カバラや古の智慧の源――といったものを掘り出してくるような、妄想的な部分があることはかつてからの事実ですが、そうしたものを前提としているわけではありません。むしろ、ミツー・ロナとジャック・ルボーの特異な説と同じような立場をとっていると言えるでしょう。

彼らは一九八〇年に『賽の一振り』を再刊しますが、この詩には暗号化というプロセスがあるにちがいないということに初めて気がついたのです。さらに言えば、『賽の一振り』が韻律法の逆説的な擁護という意味を持っていることを示唆したのです。私の暗号的解釈は彼らのそれとはまったく異なることは明らかです。しかしロナとルボーの論は重要であるように思われるのです。すなわち、『賽の一振り』は現代性の極限に位置して韻律法を過激に葬り去った詩のように見えて、実は韻律を擁護する詩である、という主張なのです。正確に言えば、ある種の韻律法を擁護する詩というわけです。しかし、ロナとルボーとは異なり、古くからの韻律法、とりわけアレクサンドランと呼ばれる一二音綴詩句を擁護しているようには私は考えません。擁護しているのは新しい韻律、新しい数え上げ《カウント》ではないでしょうか。『賽の一振り』は詩における数え上げの顕揚です。そして詩を散文と本質的に区別するのは、数え上げる人であり「計算」する人であり、つまるところ詩人である——、このような論理を正当化するのがこの作品なのです。計算しない人間は散文を書く者であり、数学的のみならずリズム的にも計算し続ける人間は詩人であって、詩人にとって数はまさに「ものの数に入る」、重要なものなのです。『賽の一振り』はそれゆえに、数が詩においてどのような役割を果たしているかを根本的に論じる作品であり、まったく新しいやり方で韻律の本質を擁護しているのです。

『賽の一振り』とは何だったのか

さて、このような論を明らかにするためには、この作品に関して前提となるいくつかの注釈をつけていく必要があるでしょう。

詩「断じて賽の一振りは偶然を廃さないだろう」は一八九七年、『コスモポリス』誌に最初に掲載されました。読者を「安心させる」ように求められて、作者の所見と編集部による註（実際はマラルメによる註）が最初につけられています。とはいえこの作品はマラルメが望まないレイアウトで掲載されてしまいました。最終バージョンのように見開きの二頁分にわたって配置されるべきであったテクストは、『コスモポリス』誌では通常の本のように一頁分ずつしか置かれなかったのです。最終バージョンとして一般に論じられるものはずっと後になって出版されたものです。マラルメは二番目のバージョンを一八九七年のあいだに準備しており、オディロン・ルドンによる四つのリトグラフが挿画とされるはずでした。したがって『賽の一振り』は挿絵のある詩となるはずでしたが、マラルメは一八九八年九月に亡くなり、ヴォラールによって豪華版として出るはずだった新しいエディションは、出版されることはありませんでした。テクスト自体は幾分か散逸していたのですが、マラルメの甥であるエドモン・ボニオが重要な文芸雑誌社ＮＲＦから出版します。それが一九一四年なのですが、これもまたマラルメの意図に忠実ではない活字を用いたものであり、『コスモポリス』誌にあった前書きをつけたままのものでした。一九一四年はアポリネールの図形詩『カリグラム』が出た年でもあります。

『賽の一振り』はどのように受容されたのでしょうか。それはやはりモダニズムの文脈であり、これが今後長らくこの詩の読解にのしかかることになります。マラルメは象徴主義という文脈を持つ詩人であり、つまりはモダニズムとは別の文学場の詩人であるにもかかわらず、です。しかしその一方で『賽の一振り』は宙吊りの状態にあると言えます。というのも彼の周りにいた象徴主義者たちは総じて、このテクストを自分たちの運動の代表作とはみなさなかったからです。形式上の革新性は非常にラディカルなもので、自由詩をはじめとして象徴主義が試みたことのさらにその先に、この作品はあったのです。このようにして結局『賽の一振り』はモダニズムの伝統に絡めとられたわけで、その結果、さまざまな誤った解釈が続くことになります。もちろんそれらは豊かな解釈とも言えますが、問題は先に述べた韻律の問題を不問にしてしまったということです。しかしこれこそがマラルメが考えていたことなのです。

テクストそのものを見てみましょう。『賽の一振り』には一一の「見開き頁」があり（マラルメはこれを大文字の「ページ」と書いています）、これが詩の形式上の単位となっています。頁番号はつけられていませんが、便宜上、冒頭から順に一から一一まで頁番号をつけて話をすることにします。読む方向は通常の書物と同じです。つまりタイトルはページ左上から出発して、左から右に向かって、上から下に向かって読むわけですが、先ほども述べたように、一般的に言う頁ごとに読むのではなく、見開き頁全体でテクストは読まれるわけです。したがって、見開き頁というのは詩の読解の単位を構成することになりますが、そこから導かれる形式の斬新さというのは、本の中央にある溝を越えてテクストが続くことであり、それを左頁と右頁で切り離さないことで、読む行為が完結するということです。また他にも目を驚かすような形式上の実験があります。たとえばさまざまな種類の文字やフォントが使用されており、大文字や小文字、イタリックなどの文を構成するのです。これはポスターや広告で使われる技法であり、マラルメが同時代の新聞、そのなかでもまさに広告の頁に当たる最終面・第四面に大いに関心を持っていたことは知られるところです。

難破の物語？

それでは詩の「筋立て」はどのようなものでしょうか？　『賽の一振り』では難破の場面がわずか

にほのめかされるような形で現れますが、それをめぐって詩全体が展開しているようです。船は嵐のなかで難破したように見えます（見開き三頁目）。災厄のうちにあって水面に顔を出したのはただ一人、船長と思しき者なのですが、彼については何もわからないのです。詩のなかで彼が唯一とった「行動」というのは、拳のうちに骰子をいくつか、おそらく二つ握りしめることなのですが、荒れ狂う波間に骰子を投げるのをためらい、一瞬のうちに波に飲み込まれます。以降の頁では船長の消失の後に続くことが描かれます。しかし、波間に沈む前に彼が骰子を投げたかどうかは、誰にもわからないのです。骰子を投げる身ぶりを果たすのをためらうところまではわかっても、彼の最後の決断については何も語られません。

こうした奇妙な場面を目にした読者が受ける不確定感は大きいと言わざるをえません。そもそも船が沈んだのに、なぜ船長は骰子を投げることに気をとられているのか。次は彼が波に飲み込まれようとしているのに、です。彼がしようとしていることがわからなければ、彼がしたことについてもわかりません。船長の逡巡を示す場面の後に描かれるのは（見開き四頁目）、おそらくは船と主人公が堕ちていった渦、そのまわりを旋回する船長の帽子であるトック帽、そしてこのトック帽の上に刺さっていた羽飾り、それだけなのです（見開き六―八頁目）。トック帽も羽飾りもほどなく渦に巻き込まれて、波の上には何もない。読者が直面するのは海、「下にざわめく波のようなもの」であり、そこでは何も起こらない。そこで大文字で宣言されるのは「何ものも起こらなかったであろう場をのぞいては」なのです（見開き一〇頁目）。何も生起しなかったかのようであり、劇の登場人物たちはみな海によって消し去られて、海自体も空しく何も事件がなかったかのような単調な姿に帰ったかのようです。しかし突然、夜空が生気を取り戻したかのように、星座が輝き始めます。それはまるで骰子が天空に投げ上げられたかのように、星々が活動を始めたかのようです。船長による骰子の投擲に加えて天空もまた骰子を投げるのであり、結果が光を放ちます。それは天空を彩る北斗七星であり、あたかも二つの骰子を合わせた七つの目のように輝くのです。『賽の一振り』の最後には形象詩のような試みも見られます。北斗七星の形が二度、テクストの形によって再現されるのであり（ただこれをのぞけば、テクストの配置が模倣的効果を持つような箇所は存在しませんが）、こうした星座の配置が『賽の一振り』という劇に意味を与えていることを示唆するかのようです。

『賽の一振り』の命題群

これが詩の全体の流れとなっています。またテクストは三つの主たる命題から構成されていますが、それ以外の作品の大部分はすべて挿入節であり、至るところに現れて主題の出現を錯綜したものにします。主題を構成する語もテクスト全体にわたって登場します。最初の主題はタイトル「賽の一振りは断じて偶然を廃さないだろう」を繰り返すもので、見開き一頁目から九頁目にわたって大文字で書かれます。この主題はいくつもの挿入節を伴いますが、それを完全にここでとりあげることはできません。ただ一つ挙げるなら、見開き二頁目に見られる「**賽の一振りは断じて**／たとえ永遠の状況のなかで投げられても／難破の奥底から／**偶然を廃さないだろう**」が主たる挿入句でしょうか。この主題の挿入節群は、冒頭から九頁にわたって互いに絡み合って展開していきます。見開き一〇頁・一一頁目に出現する第二の主題は、「**何ものも**／記憶される危機から／**起こらなかったであろう**／**場をのぞいては**／**ただあるのは**／**おそらく**／**一つの星座**」です。第三の主題は前の二つとはかなり異質のものです。というのもこの言表は他のテクストと視覚的にも分離されているからで、テクストの最後に位置しています。劇がすべて終わった後に語られる教訓のようなもので、いかなる挿入句も伴ってはいません。それは「いかなる思考も放つ、賽の一振りを」というシンプルに読解できる文です。こうしてこの詩は「賽の一振り」という語で終わり、同じ語で再び始まるわけです。

「他のものではありえない唯一の数」

最後に、私の解釈にとって決定的な点として、『賽の一振り』では謎めいた数が喚起されています。この大文字で書かれた〈数〉（Nombre）は詩のなかに二回登場します。見開き四頁目と九頁目です。この数は船長が投げる可能性のある骰子の目の総和を指しているように見えます。おそらく船長は骰子を投げた、それゆえにある一つの数が生起した、と。一方で、この数は至高の必然性を備えた、非常に謎めいた数であるかのように見えます。九頁目での最初の事例では、次のようにこの語は導入されています。すなわち、突然に難破の最中に現れた「船長」は「足元で水平線全体が／揺れ動くこの状況から／出現し／思いはかる／あるものが準備され／振られ、混じり合うのではないか／骰子を握りしめたであろう拳のなかに／ある運命と嵐に挑むかのように／他のものではありえない唯一の数が」。何が問題になっているのでしょうか？　船長は波間から浮かび上がり、大荒れの海を前にして、足元で揺れ動くこの状況つまり嵐という状況から、一つの推論を行います。それは比類なく必然的な「唯一の数」が出現するのではないか、という考えです。言い換えれば、船長は嵐と骰子を投げるという行為が結びついた結果として、絶対的に特異な〈数〉が生起するのではないかと考えるわけです。

著作『数とセイレーン』全体のテーゼはこの引用の最後の言葉、「他のものではありえない唯一の数」によるものです。この〈数〉の唯一性とはどのような意味を含んでいるのでしょうか？ なぜ、船長はこのような奇妙な推論をするのでしょうか？ 荒れ狂う波に飲まれ難破するという事態から、なぜある数の必然性が導かれるのでしょうか？ 最後に、この数を生起させることが船長にとって本質的なことだとしても、なぜ彼は「無用なる頭の上に／痙攣する／手を上げ／開かないままであることを」ためらうのでしょうか？（見開き四—五頁目） 船長の拳は頭上に掲げられて、彼の頭は「無用な」ものと言われています。後に見るように頭は荒波に何度も打たれており、顔には水泡が「帰伏したひげ」のようについているのですが、体は波間に消え失せて見えないため、船長の頭はまるで切り離された首のように見えます。「無用なる頭」とはそういう意味でしょう。

主たる問題から始めます。「他のものではありえない唯一の数」とは何を意味するのでしょうか？ 一見これは理解するのが困難な命題です。というのも「他のものではありえない」という特性は当たり前のものであり、何か特定の数を指しているものではないからです。いかなる数もそれ自体の数と同一であって、1＝1であり、2＝2なのです。この点から見ると、それ自体と別のものになる数などありえないのです。一方、ここでのマラルメによる命題というのは、他の数とは異なり、他のものではありえない「唯一の」数があるだろう、というものです。

自由詩という「詩句の危機」

この数とはどのようなものでしょうか？ それが代数学的に自明なことを指していないのであれば、

「他のものではありえない」という特性の意味とは何でしょうか？　実際のところ、この命題を理解するには、マラルメ自身が自由詩という「美妙な危機」と呼んだ状況という文脈で理解しなければならないでしょう。この危機は一八八七年に自由詩を含む最初の詩集の登場によって幕を開けました。ギュスターヴ・カーンの『流浪の宮殿』がそれです。カーンはこの時代に自由詩を残した代表的な詩人、ジュール・ラフォルグの友人でした。この作品を端緒に、新しい世代の詩人たち（すでに述べたヴィエレ＝グリファン、アンリ・ド・レニエ、ヴェラーレンなど）が次々と新しい詩形を生み出していくのを見ることになります。こうした詩の革新は同時に韻律の放棄であり、もちろん論争を引き起こしました。とりわけ自由詩詩人とパルナス詩人たちのあいだでそれは顕著で、ロマン主義を継承しつつ私の感情を歌うという抒情性を拒絶したパルナスは、当時ルコント・ド・リールとエレディアのもとに結束していました。論争は詩句とは何か、詩とは何かという定義そのものに関わるものでした。自由詩とは詩なのか、そうではないのかが問われました。エレディアやルコント・ド・リールにとっては詩ではないのであり、韻律法や規則的な韻、決まった数の音綴、つまりは定型がなければ、詩句は詩句であることをやめてしまうからです。自由詩はそれゆえ詩ではない、せいぜい一節一節が線状に恣意的に並んでいるような散文詩にすぎない、と彼らは言うわけです。

一方、自由詩詩人のなかでも最も革新的な立場をとるギュスターヴ・カーンのような詩人は、韻律法にのっとった詩句であれ、より正確に言えば詩句における韻律法であれ、それ自体が詩的であるわけではないと主張しました。実際、ギュスターヴ・カーンにとって、詩句における韻律法は政治的な発明に他なりません。彼によれば、マレルブの後を引き継いだボワローによって、一七世紀に古典的な韻律法が確立したのであり、絶対王制が中央集権化した国家によってフランスを支配したように、詩もまた韻律法によって支配しようとする意図を含んだものでした。ボワローはすべてを恣意的な規則に従わせることで、文芸において王を中心とした中央集権主義を展開した者である。本当の詩にとって規則はコルセットのような束縛の数々であり、もう少しでラシーヌやラ・フォンテーヌ、モリエールといった才能の生気を奪いかねなかった。こうした天才たちは澱のように積もり硬化した韻律法のなかに、自らの固有の律動を込めることで、規則をうまく使いまわすことができた。彼らは韻律法のおかげで偉大な詩人なのではなく、韻律法にもかかわらず、偉大な詩人である。韻律法にのっとった詩句は、韻律的である限り、詩的《ポエティック》なのではなく政治的《ポリティック》なのである……、とカーンは糾弾するのです。

韻律詩と自由詩のはざまで

マラルメは自由詩に対してどのような立場をとっているのでしょうか？　彼はこの論争において非常に独特な位置にいます。というのもマラルメは二つの詩句の形式、自由詩と韻律詩は真の詩句の二つの側面であるとして、やむをえないと認めつつも両者を支持するという、珍しい立場をとっている詩人だからです。長年マラルメはヴェルレーヌとともに詩的革新の前衛に位置し続けました。つまり韻律詩の枠のなかで〔一二音綴詩句の場合には六・六と区切らずに〕さまざまな句切れを試みたり、句換え、句またぎなどの許容範囲を広げたりしてきました。特にそれは一八七六年に発表した『半獣神の午後』で展開されていて、若い世代の詩人たちにとって一種の宣言となるような作品となりました。とはいえよく言及されるように、マラルメは韻律の形式で書いていたのであり、変わらずそれを維持したのです。実際、マラルメにとって韻律法は本質的なものであり続けました。その理由について、彼は自由詩という危機の時代のさなかに明言しています。韻律法とは詩句の普遍的な様態であって、群集を集め、交感を引き起こす役割を詩に付与してくれるものである、と。それによって人々は今や滅亡寸前のキリスト教を復興、というよりもキリスト教を詩の宗教にとってかえることができるのです。

したがって、マラルメにとって詩句は普遍的であろうとするならば、さらには文化的なものであろうとするならば、韻律的であるべきものなのです。マラルメこそ第一ロマン主義——ラマルチーヌやユゴーのロマン主義——から、現在のわれわれから見れば野心的な計画を受け継いだ詩人であるばかりか、決してそれをあきらめなかった詩人でした。それは、古いカトリックの信仰の後に続く「芸術宗教」という企図でした。芸術には共同体を祝賀する空間を構成する務めがあり、それが果たされたあかつきには、各人が詩という歌のなかに、失われた聖体拝領的な空間をとりもどすことができるようになるでしょう。一方自由詩は、マラルメの目から見ればこの目的を果たすことはできません。なにしろ自由詩はまったく独自の詩句の発明であって、詩人が一人ひとり自らの道具で、それぞれ独自の主観的な感情を聞かせるものなのです。だからといってこの新しい形式は非難されるべきものとは考えられていません。一八九一年のジュール・ユレのインタビューで答えているように、二つの詩のあいだで幸運にも分業が成り立っている、というのがマラルメの見立てです。つまり個人性を担う自由詩と、普遍性を担う韻律詩とが、両者ともそれぞれの領域で正当な位置を占めるというわけです。さらに、自由詩が成功をおさめればおさめるほど韻律詩は稀少な存在となって、より貴重で荘厳なものとなるというメリットもあります。詩人がみな韻律に従っていたときには、アレクサンドラン（一二音綴詩句）をたえず聞かざるをえない状況でした。かつて、アレクサンドランは至るところで使われていたので、陳腐な作品が続々と生み出されて自然さを失ってしまい、耳障りのするものとなってしまったと、マラルメは示唆するのです。

逆に、古典詩つまりは韻律詩が自由詩の普及によって珍しいものになってしまえば、結果は二重の意味でよいものとなるでしょう。まずはさまざまな詩の声の一つひとつに合った楽器が得られるからで、もう一つの理由は韻律詩の荘厳な普遍性といったものが強められた形で姿を現すからです。つまり、マラルメは二つの形式の一方を選んで他方を批判するというよりむしろ、両者を両立させようとする独自の立場をとるのです。とはいえ論争の場においては、これはおそらく最も弱い立場でしょう。結局は詩句について自由詩でも韻律詩でもどちらでもよいという立場なのですから。しかしこうした立場では、詩句を詩句にする構成要素はどのように定義できるのでしょうか？　自由詩詩人やパルナスにとって、この点については自明以外の何ものでもありません。パルナスの詩人たちにとって詩句は韻律によって定義され、自由詩詩人にとっては各人の内的な精神の運動に固有の、韻律によらないリズムによって定義されるものなのです。そのなかでカーンは、詩句をある限界のなかに含まれる主題と、こうした意味の単位につき従うリズムの二つに起源を持つものであり、両者が合わさって一息で歌われる唱句にまで広がっていくものとしています。自由詩は後の時代になって厳密に特徴づけられることになります。現在、自由詩の唯一の構成単位がまさしく印刷上の単位、純然たる空間的な単位であることは一般に了解されていますが、マラルメの時代には、自由詩に賛成の立場からも反対の立場からもそんなものは詩句の本質とは関係ないと拒絶されたでしょう。当時はどちらの立場も、他方の立場の詩句を拒絶して、詩句とは何かを定義できると信じていたのでした。

しかし、こうした二つの対立する詩学をまとめようとしたり両立しようとしたりするのは、両者よりもはるかに難しい立場を迫られるものではなかったでしょうか。定型句に切り分けられた詩句と非定型句に分けられた自由詩句について、どのような構成単位によって両者をともに定義できるか、もはや誰にもわからないのです。これは本当に難しい立場で、二〇世紀にはまた違う意味で弁護することのできないテーゼとなるでしょう。自由詩は唯一の詩句として完全にと言ってよいほど詩の世界を席巻し、韻律法は詩人や理論家の目には——何十年か、つい最近まで——フランス詩に偶然に起こった、実際にあった現象というだけで、そうならない可能性もありえた形式としてみなされるのです。しかし、このように特殊なマラルメの位置を意識しなければ、『賽の一振り』で起きていることは理解できないでしょう。

実際、難破という運命をたどる船長や荒れ狂う波間への骰子の投擲といったモチーフは、「詩句の危機」という文脈をたどればさらに明快なものになります。なぜなら難破船の「船長（Maître）」は、明らかに詩における「韻律（Mètre）」であって、大波に飲み込まれる韻律とは、『賽の一振り』の頁上に炸裂し散らばる詩句の断片に他なりません。断片《メトル》は古典的な形式を激しく拒絶するという点で、自由詩の特性を再現するものなのです。自由詩が韻律を海に沈めたのです。こうしたプロセスを通じて、劇の筋書き上も二つの形式のあいだの恐ろしい緊張が再現されます。マラルメはこれを批判という観点からだけではなく、詩作という観点から解決しようとします。ユレによるインタビューで語ったように、理論的に介入するよりもむしろ詩を書くことによって問題を解こうとするのです。

イジチュールの物語

この読解の鍵を用いて、もう一度詩の筋書きを追っていきましょう。ただしこれは別に私の独創ではなく、ロナやルボーから続いている解釈です。船長は二つの骰子を手に握りしめています。この主題は知られているように、若きマラルメが残したテクストに存在していました。一八六九年、詩人が深刻な実存的危機に直面した時代に書かれた未完の物語である『イジチュール』です。この危機と呼ばれる事態は、マラルメが一八六六年の書簡で伝えている虚無の発見を指しています。神は存在しないという発見なのですが、第一ロマン主義の文学者たちやおそらくはボードレールが望んでいたものには反して、詩的象徴が絶対的な価値を帯びるのを保証するものなど存在しない、ということを知ってしまった事件でした。

そのためにマラルメはこの物語を書くのですが、そこにはハムレットにインスピレーションを受けたと思しき、若い王子＝詩人イジチュールが登場します。彼は祖先たちが眠る地下墓所に降りていき、一族の運命を永続させるべきか自問します。彼のためらいは次のように要約できるでしょう。すなわち、六の目が二つ出るかを試すために手のなかにある二つの骰子を投げるか否か、という状況です。この祖先たちが指し示すのは詩人たちの系譜であり、マラルメはその相続者となるのを望んでいます。完全なるアレクサンドラン（一二音綴詩句）を作り出そうとする労力は今なお価値あるものなのか――、アレクサンドランが神の息吹の結果などではなく、意味のない偶然であることが明らかな時代にあって、こうした問いの答えを探ることが問題となるのです。言語が神と人間をとり結ぶ紐帯であることをやめ、いくつかあるうちの偶然の一つにすぎないことがわかった今、骰子を投げて何になるのか？　神に定められた詩の使命、すなわち古き信仰にとってかわるという野望が、もはやいかなる超越性にも担保されないのであれば、崇高な詩句を追い求めて書くということに何の意味があるのか？　ロマン主義者たちは古きカトリシスムを永続させることを拒否しましたが、それは自分たちのほうが超越的な彼方をよりよく理解できるという理由からそうしたのであって、彼方などまやかしであるという理由からではありませんでした。マラルメはといえば、彼は地上を超えた現実の存在などもはや信じられないが、詩が有していた崇高な宗教的使命という考えは手放すことができない。これがイジチュールの躊躇という形で表現されたマラルメの思想のドラマなのです。両方の結末に引き裂かれる筋書きには、骰子を投げて世界の不条理を誇らしげに認めるという「サルトル的」と言ってもよい解決と、書くことに対する審問を想起させるような「ブランショ的」解決の対立が見られます。後者について付言すれば、人は書くことが汲み尽くされた事態こそ書くべきだという立場であり、書くことが不可能であるという試練のなかでテクストが無限に展開していくという考えを指しています。

一二という数

『イジチュール』がハムレットに類似しているという点はよく指摘されるところです。実際、一二という数字は決定の時間である真夜中一二時によっても示されています。『イジチュール』の物語では、主人公の部屋にある掛け時計によってほのめかされた時間です。それは運命の決定であると同時に不可能な決定の瞬間であると言えます。それ以前とそれ以後が必然的に分離するのですが、その根本的な切断ゆえに、決断にはとうてい到達不可能に見えるような瞬間なのです。こうした主題はおよそ三〇年の空白を越えて、『賽の一振り』で復活しています。船長は骰子を投げるのをためらうのです（これが彼の唯一の行為とも言われました）。船長はトック帽と羽飾りをつけていますが、マラルメは批評集『ディヴァガシオン』でエルシノアの王子ハムレットを描写する際に両者を用いています。したがって、一八九七年の『賽の一振り』で、マラルメは一八六九年の主題と再会したと言えるでしょう。というのも神的なものに保証された詩句が死に瀕するという主題が、『賽の一振り』では自由詩という危機というテーマに移し変えられるだろうと、詩人は理解したからです。実際、もう一度普遍的な韻律詩を生み出すことができるのか、あるいはすべて非韻律の詩句という偶然のなかに落ち込んでしまうのか、詩人それぞれの主観的な気質を表すだけで何の必然性もない詩句になってしまうのか――、これらを見きわめるために、船長は骰子を投げなければならないのです。これは何十年も前に演じられた虚無の危機と同一のものです。『賽の一振り』においては、マラルメによって実践された詩の未来の形態が直接、危機に巻き込まれるのです。

　ロナとルボーにとって、このような探求の果ての詩句そして〈偶然〉に抗する韻律――あの「他のものではありえない唯一の数」――は、『賽の一振り』でも『イジチュール』でも同じものです。それはアレクサンドラン（一二音綴詩句）です。『賽の一振り』は韻律的にはおよそ見えないけれども、逆説的にアレクサンドランを擁護する作品となっている。最後の命題「**何ものも**／記憶される危機から／**起こらなかったであろう**／**場をのぞいては**／**ただあるのは**／**おそらく**／**一つの星座**」は次のように読まれるべきではないか。「記憶される危機」は自由詩という危機であるが、そこからは何も生じないだろう、韻律だけが、とりわけ古典的な韻律が、危機から勝ち誇った姿で抜け出してこない限りは……、というのが両者の論でした。しかしこの解釈の危険なところは、詩句の二つの形態の一方が他方を溺れさせる、という点にあります。逆に二つの形が独特なしかたで共存するということが必要なのではないでしょうか。『賽の一振り』を先入観なしに読めば、定型が激しく破裂した自由詩のイメージ以外の何ものも思い浮かばないはずです。古くからの規則と明らかに断絶している詩のなかに、ある種の韻律法を導入する手段はあるのでしょうか？　こうした問いかけに対して、『賽の一振り』がアレクサンドランの暗号化された顕揚であることを証明すべく、ミツー・ロナは巧妙な解答を提示しました。しかしこの解答を示す前に、別のテクストを迂回する必要があります。『イジチュール』と同様に未完の作品であり、『賽の一振り』に先立つ一〇年間に書かれてきたものです。

書物のためのメモ

「自由詩の陣地で」韻律法を支持するというマラルメの方針については、マラルメ全集の編者ベルトラン・マルシャルが「書物のためのメモ」と名づけた、無題のテクスト群において確認できます。知られる通り、マラルメは生涯にわたって、絶対の書物を書くという夢にとりつかれていました。ヴェルレーヌへの手紙でそれは「大いなる作品」と呼ばれており、「大地のオルフェウス的説明」と称されていました。このような固定観念もまた、芸術宗教の枠のなかで理解されるべきものでしょう。マラルメは真摯に、聖書にとってかわるようなテクストを書こうと試みたのでした。このような計画の法外な規模を考えるならば、これを詩人のアイロニーとみなす人もいるかもしれません。しかしそんなことを言うのはマラルメという詩人をよく知らないからなのではないでしょうか。というのもこの計画は彼の手に余るものではなく、少なくとも彼自身の成功の基準に従えば十分に成し遂げられたのではないか、それも後で見るように『賽の一振り』によって果たされたのではないか、と言えるからです。『賽の一振り』だけが、まったく新しい道筋をたどることで書物の計画を実現させたことを、私は主張したいと思います。

「書物のためのメモ」では朗読の儀式が描かれているのですが、これは明らかにミサにとってかわるべきものでした。この儀式ではすべてが奇妙に進行します。会場には、舞台に対して席につく参列者が見られます。舞台の上には二つの引き出しがあり、その棚には綴じられていない紙葉が収められていて、一人の「操作者」が、司祭のごとく匿名の存在のまま、紙を綴じ合わせ始めます。それは非常に複雑な結合法によるもので、書物全体を朗読し終えるのには五年の期間が必要とされるのです。

一方、この「書物のためのメモ」を読むと、全編にわたって数へのこだわりが見られることに驚くでしょう。実際メモの大部分は、数やその計算式、書物の大きさなどの物質的様態や財政を示す数字、朗読の儀式に関わる人数などのさまざまな数量というように、大量の数字によって構成されていると言えます。こうした数については、まずはアレクサンドランと明らかに関係があります。たとえば朗読会の会場には二四人の参列者がいると想定されており、本の大きさや値段も一二の倍数や約数と関係しています。また五とその倍数についても書物を構成する一連の数字となっていますが（たとえば朗読が完了する期間は五年とされるなど）、これについては後述しましょう。ところでこの「書物のためのメモ」は一八八八年から一八九五年にかけて記されたものとされており、まさに自由詩という危機の時代と符合します。言い換えれば、マラルメが最も集中してこの危機とは何なのかを考えていた時期に当たります。

したがって、詩人がこうした奇妙な計算によって試みようとしていたことは明らかなように思われます。つまりマラルメは、アレクサンドランが自由詩によって詩的テクストから追い払われたことに気づき、一方自由詩によって、一二という数字が詩にとって偶然にすぎないことが示されたことを痛感したのです。そこからマラルメは逆に、この一二という数字に対してある種の必然性を復元しようと試みます。一二は「書物のためのメモ」の物語内容においては見られない要素でしたが、書物の物質的側面において、また書物の儀式という文脈にも潜んでいた数字でした（サイズ、値段、冊数、参列者など）。韻律に新しい機能を見出すことで、詩のなかに韻律——数え上げ《カウント》——をどのように再導入するかをマラルメが探求していたことは、明らかになったように思います。しかしこの数え上げは、この語がそれ以前に有していた意味とはまったく関係のないものです。一二まで数え上げるという意味ではなく（かつてのように詩句の音綴数を数えるのではありません）、詩全体の動作環境においてまったく新しい〈数〉なのです。

一二音綴詩句《アレクサンドラン》を超えて

しかしまだ疑問に残るところはあるのではないでしょうか。この数え上げのプロセスによってアレクサンドランが救済され、そこに必然性を取り戻すことができたのは、どうしてなのか、と。しかし、われわれの論の関心を引くのはむしろ、『賽の一振り』が「計算の狂気」と言えるものを内包していたのではないか、そしてこのような狂気をより効果的なものにするものがあったのではないか、という問いにあります。後者はすなわち詩を書くこと、見たところ韻律的ではない詩のなかに、すぐには気づかないが船長の骰子の投擲の結果となるような数を、詩を構成する際に含みこむ、そんな詩を書くことだったのです。

自由詩の波が詩の世界、つまり『賽の一振り』を明らかに支配しようとしていたことは、船長自身認めることでしょう。しかしこの最後の詩人とも言うべき船長は、韻律の一撃を準備していたように思います。すぐには理解できないけれども詩全体の構成の基礎にあるような仕掛けです。もしマラルメがそれを実際に行ったのならば、『賽の一振り』は自由詩の過激な展開ではなく、韻律詩の変容とみなされたはずでしょう。この詩は古典的規範との断絶を一ミリも推し進めるものではなく、むしろそれを再創造しようと試みたものとなったでしょう。マラルメが書いただろうこのような詩を、ここで「本質的詩句」の詩と呼びたいと思っています。それは自由詩でも古い様式にのっとった韻律詩でもなく、過激な自由詩と刷新された韻律詩を統一するような詩なのです。あるいは「超‐韻律的」とも呼べる詩かもしれません。「超‐自由な」見かけをしながら、暗号化された規則にのっとるという意味で、古典詩よりも規則的である詩です。

ロナに従うなら、「書物のためのメモ」で作動している一二という数の解読の原理は、二四頁つまり見開き頁で言うと一二頁から構成されている『賽の一振り』にも継承されています。二四という数字は、韻を踏んだアレクサンドランの二行詩の音綴数を合わせたものでもあります。一方、〈数〉を予告する言表である「他のものではありえない唯一の数（l'unique Nombre qui ne peut pas être un autre）」はそれ自体一二音綴です。ロナは頁や印刷文字のフォントにまで一二という数字が隠されていると考えるほどでしたが、校正刷や出版社との書簡のやりとりからうかがえるのは、実際はそんなことはなかったということでした。いずれにせよ、詩のなかに暗号化された〈韻律〉が一二音綴たるアレクサンドランであるとは、私は考えていません。それではマラルメが前衛ではなく後衛での戦いを繰り広げたにすぎないことになってしまうでしょう。またこの一二をめぐる仕掛けによってこの数字に新しい必然性が付与されたとしても、いかなる理由でそれが起こるのかがよくわかりません。もし『賽の一振り』が必然性を備えた〈韻律〉を、荒れ狂う自由詩に飲み込まれるのに耐えることができた〈韻律〉をたたえるものだとしても、伝統的ではない形の詩であるべきではないか。逆に十分に新しい詩句であるべきで、われわれにとって今なお謎めいた仕方で、古きアレクサンドランに欠けていた必然性が獲得されるのではないでしょうか。たしかにマラルメはアレクサンドランに対して敬意を欠かしませんし、それを決して否認しないでしょう。しかし危機という文脈にあって、アレクサンドランをなくすことまではしなくても、刷新された特性を持つ詩的な数によってアレクサンドランを継承しようと考えているのではないでしょうか。しかし一二が唯一の数でないとすれば、どんな数がありうるのでしょうか?

七という数

まずはある数＝暗号が明らかな形で詩のなかに現れていないかどうか、考えてみましょう。『賽の一振り』というテクスト中のすべての文字において唯一出現している数、それは七なのです。船長の失敗した一撃に付加される最後の一撃は、実際に「七星（Septentrion）」を生起させます。「七星」は読んで字のごとく、災厄的状況に対する反撃によってありうべき勝利の印として刻まれた七つの星を指しています。マラルメにおいて七という数字はどのような象徴的な機能を持ちうるのでしょうか。

知られているように、ソネは一四行の詩句と七つの韻で構成されており、マラルメが好んだ定型でした。「書物のためのメモ」では他の数の基礎となるような二つの数が存在します。それはまず一二ですが、五もそれに当てはまります。後者は朗読会の期間（五年）を表すと同時に、会場を照らし出すシャンデリアも想起させます（実際「シャンデリア（lustre）」という語はラテン語の語源までさかのぼれば、「五年」を意味します）。この五という数の意味については、少なくとも私が知る限り誰も本当に理解していなかったもののように思います。一二と異なり、五ははっきりとした詩的な意味を持たないと思われていたからです。しかし7＋5＝12なのであって、五は七の補足、ネガとなる可能性を秘めているのです。一方、「メモ」では七は出てきません。また一二と五によって喚起されているのは、「書物」の物語に含まれる要素ではなく（物語自体ほとんど言及されないのです）、これまでも見てきたように、ただこの計画の外枠に含まれる要素です。書物の内容については、短いスケッチによってのみ明るみになっているものですが、どの数字も関わりを持っていませんでした。こうしたことを総合すると、「書物のためのメモ」から始まって、七はテクストの内容の暗号化のために使われてきたのではないかと考えたくなります。『賽の一振り』は「書物」に出てくるさまざまな数を補完するこの七という数を引きとって、最後に七星としてテクスト上に登場させたのではないでしょうか。しかし七は一二と比べて詩において何か特別に興味を引くような数でしょうか？　今のところ、われわれの解釈では何も解決しておらず、とくに興味のあることは得られていない状況です。

しかし先を急ぐ前に、最後の見開き頁つまり七星が突然現れる頁に、『賽の一振り』全体を支配するような韻律的数え上げ《カウント》のほうにわれわれを導いていくようなヒント、あたかも星の数である七の庇護の下に置かれたかのようなヒントを見つけることができるか、考えてみましょう。見開き一〇頁目から最後の頁にわたって続くのは、『賽の一振り』で二番目に大きな字で書かれた命題「何ものも／起こらなかったであろう／場をのぞいては／ただあるのは／おそらく／一つの星座」です。この「星座」は「忘却と廃滅とで冷えた」ものと語られます。「とはいえ」、と次のように付け加えられます。「上に広がる空ろな面のようなものに／星座が数え上げぬほどではなく」（つまり星空であり、頁の何も書かれていない空白の面のことを指しています）「形作られてくる全体が数え上げられ／星々が／つながりぶつかり合うのを」（すなわち、詩を読んでいく過程で全体が数え上げられていくのです）「夜を徹し／懐疑し／展開し／輝きそして思い沈み／ついに停止する／最終点であるかのように数え上げが聖別される」。そして結論部が続きます。「いかなる思考も放つ、賽の一振りを」。ここで描かれているのは韻律の数え上げであり、全体がとらえられ総和が求められようとしている状態であるように思います。一方、詩の読者は結末にたどりつくわけで、「聖別」が成し遂げられることになります。韻律詩では数え上げはもちろん、一行一行の詩句の最後で成立します。アレクサンドランの最後を読むとき、まさしく詩句のなかで一二の音節の総和が生起するわけです。

ここで詩全体を一つの詩句であると仮定しましょう。つまり、一般的な意味で言う詩句同士が、象徴的にも一二頁にわたってつなぎ合わされてできた一つの詩句として考えてみましょう（そもそもマラルメにとって詩句とは、共通の韻を持つ詩句のペアを意味するのです）。マラルメが描いているのは、詩の結末で起こっていることで、何かが次々と合計されていき、全体の数え上げがまさしく「聖別」という語で完遂するような状況です。この「聖別」は同時に七星が最後に戴冠する姿も示しているかもしれません。そうであるならば「聖別」は他のものではありえない唯一の数の（いまだ謎めいている）数え上げを成就する最後の語と言うことができるでしょう。星として表された骰子の投擲は、それゆえ精神の骰子の投擲であって、天空は夜空ではなく白紙の頁なのです。ここで描かれているのは本の外に広がる、星々が輝く夜であると考える読者もいるでしょう。しかしマラルメは自分の行っていることを単に記述しているだけなのではないでしょうか。彼は「形作られてくる全体の和」を「数え上げる」のであり、来るべき〈韻律〉の祝聖のようなものを行っているのです。

何が数え上げられるのか？

それでは七が、詩の秘密の韻律であり、まさしく運命をつかさどる星のような数となるのでしょうか。しかしこの仮説から考えると、数えられるものの実体が何なのかを探さなければならなくなるでしょう。『賽の一振り』において、七は一体何を数えると出てくる数なのでしょうか？　それは決して音節数ではありません。なぜなら詩のなかに散らばる章句については自由詩と同様、音節数という観点からは決定不可能なものだからです。無音の e は一音節として数えるのか否かわかりませんし、母音が続くときに、それらを一音節とする母音融合を尊重するか（例、pé-nul-tième ＝三音節）、二音節とする分音を尊重するか（例、pé-nul-ti-ème ＝四音節）は誰にもわからないのです。また七は頁数も表していません。頁数についてはむしろ一二の原則に適合したものになっています。それでは他にどんな可能性が残っているのでしょうか？

結論部での謎を解明するために、この詩の最後につけられた「教訓」を見てみましょう。「いかなる思考も放つ、賽の一振りを」。一文で書かれた教訓は一般に、物語の深い意味を要約したものとみなされます。今回の場合は詩の本質を要約したものということになるでしょう。しかしこの命題はどのようにとらえられるでしょうか？　たとえば、どんな思考も危険を冒すものだという解釈ができるでしょう。しかしこれではあまりに平凡で、『賽の一振り』に対して不当なものと言わざるをえません。この種の解釈を洗練させていくことはできるでしょうが、『賽の一振り』を論じる際にこうした陳腐さのレベルから抜け出すのが困難であることも強く感じるところです。「思考はリスクを負うものである」という非常に穏当な考えを捨てて、何かを語るのは容易ではありません。ここでは「秘密の韻律」という考えを念頭に置いてこの命題を解読し、そこからさらに興味深い意味が取り出せるかどうか考えていきましょう。

私が提案するのは次のような解釈です。すなわち「人間は思考するとき、ことばを介さなければならない、言い換えればいくつかの数のことばの単位を用いなければならない」というものです。たとえばフランス語の「愛しています（je vous aime）」という告白は、三つの語、一〇の文字、六つの母音を含んでいるように、数を数えるという一連の過程を暗黙の形で生起させるものなのです。しかし文章の意味に対して、これらの数は単なる偶然、文字通りの賽の一振りの結果にすぎません。「愛していきます」というメッセージと一〇や三や六という数には何の関係もありません。単に偶然の関係でしかありません。しかしこの詩の本質というのは、思考と数え上げのあいだの純然たる偶然の関係に抗すること、詩句の意味を、詩句を構成するのに必要な音節を数え上げていくことと結びつけることなのではないでしょうか。マラルメが批評文で記すように、偶然に「一語一語」抗していくこと、理性的に意味と数え上げを結びつけようと試みること——、これこそ詩の至上の務めなのです。もちろん、この闘いはあらかじめ負けることが予想されています。しかし今回の場合、「いかなる思考も放つ、賽の一振りを」という結論は、韻律法の鍵を隠し持ってはいないでしょうか？　つまり最後の七が数え上げるものの実体が何なのかを知るすべとなる鍵を？　言い換えれば、この『賽の一振り』の「教訓」は隠された意味として、ある言語上の単位をわれわれに示しているのではないでしょうか。唯一の韻律を手に入れるためには、この言語の単位の数を数える必要があるでしょう。七という結果を出すような言語の要素とは何でしょうか。この結論の文のなかを数えてみましょう。そうすると、まさしく最も単純な形で七が存在することがわかります。つまり『賽の一振り』の結論は七つの語を含んでいるのです。

ここから私の仮説が導かれます。マラルメが詩で使う語の数を数えていたのだとしたら？　マラルメの韻律は音綴数ではなく語の数にかかわるものではないか？　この場合、次のような形になる必要があるでしょう。すなわち、七つの語で構成される結論は、ある種『賽の一振り』の「音楽的な」鍵となるのです。どういうことでしょうか。それはソナタが「シで」書かれるように、『賽の一振り』が「七という数で」書かれることを示唆します。七は最後の文によってそれ自体独立した数字となっており、最後の文自体も他の部分からはっきりと切り離された文となっているのですから。しかし本来の意味での唯一の〈数〉は「形作られてくる全体の和」の結果になるでしょう。そして最後に加算される語は、結論の文の直前の「聖別」という語になるはずです。そうすれば問題の数は七よりはるかに多い数となるわけで――詩の最初の語から「聖別」という語まで、ぱっと見るだけでも何百もの語があります――、数え上げて出た数字が偶然だと判断されないためには、十分に注目すべき形で七という語が含まれる必要があるでしょう。

この奇妙な仮説の正しさを認めてくれる規則はあるのでしょうか。繰り返しになりますが、それには注目すべき形で七という数を見せてくれるような数が必要になります。すでに述べたように『賽の一振り』は何百という語を明らかに含む詩ですので、三桁の数字で書かれることになります。もし「聖別」という語がたとえば七七七番目の語であるとしたら、七と注目すべき形で結びついた数を発見したことになるでしょう。けれども、もう一つの数字があり、『賽の一振り』にとっては直接的な意味を持つ数字です。それは〇です。というのも虚無と空虚の明白な象徴であり、また円環として描かれ、そのなかに船や船長が飲み込まれる渦も指しています。したがって、われわれにとっての〈韻律〉を表現できる数というのは、七と〇という数字だけで構成される数と考えられるでしょう。つまり七〇〇、七〇七、七七〇となります。七七七と合わせてこれら四つの数のうち、どれか一つでも出くわすことがあれば、必ずしも間違った理路をたどっていなかったと言うことができるでしょう。逆にこれ以外の結果が出れば、仮説に欠陥があったということになります。また四つの数のいずれかになったとしても、十分ではありません。純然たる偶然によってこのような結果になることもありえます。〈韻律〉が暗号化されているという確信を得るには、その可能性を認めるような手段を、マラルメ自身が詩のなかで読者に提供していなければならないでしょう。言い換えれば、これら四つの数のいずれかについて、詩が暗黙に語っている必要があるのです。ここまで際立たせてきた七という数字を使ったさまざまな数が、一つでも実際に一種の「なぞかけ」によって喚起されるとわかれば、『賽の一振り』の頁の一つについてはその謎が氷解するはずです。難解とみなされてきた一節も、それがテクスト内で（物語内容によって）暗号化されているだけで、テクストによって（語の数によって）は暗号化されていないということがわかれば、たちどころに明白なことだと気づくことでしょう。唯一の〈数〉について、もしこの謎をかけられた数が「聖別（sacre）」という語までを加算した数と同じものだとするならば、もうこれを偶然の産物とは言えなくなるわけです。そして『賽の一振り』において暗号化が作動している動かぬ証拠を、われわれ読者はつかむことになるのです。

「あたかも」の円環構造

こうした謎かけを、詩の中間となる頁である見開き六頁目（「あたかも」の頁）に見るのが、私の説の独創的なところです。この頁はどのように成立しているのでしょうか〔図〕。まず大文字で書かれた「あたかも（COMME SI）」が二つあり、左上から右下までテクストを枠づけています。テクストは対角線上にある「あたかも」で連結しており、上から下へ降りていく階段のような形をしています。この一節は何を言っているのでしょうか。一見したところ非常に難解です。「波間にただ身を沈めれば／可笑しなことに沈黙に巻き込まれるだけ／あるいは／〔賽を投げて現れた〕神秘が／身を投げ出し／大きな声を上げるとしても／近づく狂喜と恐怖の渦のようなもののなかで／深き淵の周りでひらひらと舞うかのごとく／淵を覆うこともなく／逃れることもなく／そのけがれなき黴しを揺するかのごとく／**あたかも**」。テクスト全体の解明を一気にするのではなく、まず「渦」が問題になっていることに注目しましょう。これは私が述べたように、船長と船が飲み込まれる渦でした。また「波間にただ身を沈め」ることは、「けがれなき黴し」がこの渦のまわりに「巻き込まれる」ことであるとわかります。一方、すでに見たように渦は虚無だけでなく同時代の詩が難破している状態を示すものですが、〇によって完全な形で表象されています。空虚と同時に円環をなしており、テクストもまた渦巻形であることで円が強調されています。しかしそれでは〇のまわりに何が巻き込まれているのでしょうか？　それは先ほど確認したように、「身を沈め」ることや「けがれなき黴し」でした。言い換えれば、二つの「あたかも」は解明すべき謎と同一化した存在であり、それが解明されれば、数の世界の中心である〇を囲む二つの数が浮かび上がるはずなのです。

長らくこの二つの「あたかも」は省略符とともに解釈されてきました（「あたかも」とたとえつつ、実際に何が起こるかは省略して言わず「あたかも」が反復される）。漠としたほのめかしであり、夢想に忠実に、現実を平板に描写することを拒絶し、一連の比喩によって暗示することを望んだマラルメならではの技法ではあります。しかし、こうした解釈にはまったく賛成しません。実際のところこの二つの章句は、仮説的な文や不明確な文を構成しているわけではありません。それどころか非常に明確な対比を示しているのです。

この点を理解するには時間を巻き戻して、船長が「徐々に」波に飲まれていったことを思い出す必要があります。見開き四頁目と五頁目では、船長の顔にまで波が寄せてくる場面を目撃します。彼は波の泡で白くなるのです。船長の頭は骰子を握って掲げられた拳より下になり、「無用な」と語られます。なぜ「無用」なのでしょうか。なぜなら、頭だけが手とともに波の上にあって「斬首された」ように見えるからで、すでに波間に消え失せた体から切り離された首のようだからです。一方、この斬首の主題はマラルメに頻出するもので、カラヴァッジョにとってそうであるようにオブセッションと言ってもよいものでした。マラルメにとって斬首は精神の純化の象徴であり、文字通り、身体と精神の分離を意味しているのです。若いときの散文詩に「哀れな蒼白の子供」という作品があり、元の題は「頭」というものでした。路上生活の子供が登場するのですが、首を反らして空を見上げ、力の限り歌います。ただしそれはブルジョワの家の窓から硬貨が一枚でも降ってこないかと期待してのことなのです。マラルメはこの少年の未来に不安を覚え、彼がついには犯した罪によって後年斬首の刑

沈めれば

沈黙に巻き込まれるだけ

　　　あるいは

　　　　〔賽を投げて現れた〕神秘が

　　　　　　身を投げ出し

　　　　　　　　大きな声を上げるとしても

渦のようなもののなかで

ひらひらと舞うかのごとく

　　　　淵を覆うこともなく

　　　　　　　　逃れることもなく

　　　そのけがれなき徴しを揺するかのごとく

あたかも（*COMME SI*）

あたかも（*COMME SI*）

波間にただ身を

可笑しなことに

近づく狂喜と恐怖の

深き淵の周りで

図　『賽の一振り』見開き六頁目

に処せられるという恐怖を告白しています。しかし、実際にこの詩で問題になっているのは「あらん限りの声で歌う（chanter à tue-tête）」という表現についての妄想です。文字通りには「頭を殺すほど歌う」、白鳥の伝説のように自殺に至るまで歌うという意味になるのです。

『エロディヤード』のSi

一方、マラルメは生涯にわたって『エロディヤード』と題された詩を完成させようと試みてきました。この詩は一八六五年に手がつけられ、王女エロディヤードと乳母の会話で構成された「舞台」という詩が書かれます。この最初のテクストを完成させようとして、「エロディヤードの結婚」を一八九八年まで書き続けましたが、ついに未完に終わります。つまり『賽の一振り』と同時代のテクストなのであり、これは後に見るように見逃せない事実です。『エロディヤード』はもちろん聖ヨハネと彼の斬首、エロディヤードによる首の獲得という主題を扱っています。一八九八年のテクストには聖ヨハネの歌も含まれていて、まさに彼の首が切られる瞬間に歌われます。頭は勝ち誇って聖人の体から離れ、天空に向けて飛翔します。身体の束縛から解放された精神の象徴としての、斬首の主題の復活と呼んでよいでしょう。この観点から見れば、波の上に唯一浮き出た頭という船長の象徴的な斬首は災厄を告げるものではなく、自己の純粋化を示すものであることが納得できます。船長は聖ヨハネと同じ立場をとるわけで、聖ヨハネはまた、自らの後にイエスという救世主の到来を告げる人物でもあります。

「エロディヤードの結婚」の冒頭には、『賽の一振り』の「あたかも（comme si）」の頁と非常に類似したレイアウトが見られます。まさしく「si…（もし、たとえ……）」という語から始まるのですが、その後に一四行の詩句が続きます（7×2であることにも注目すべきでしょう）。これは巨大な挿入句を構成していると言えるもので、最後の詩句はsiという冒頭の語が再登場して閉じられます。ここにもまた最初の詩句の冒頭（左上）から一四行目の詩句の末尾（右下）まで、siの対角線的配置が存在しており、comme siの対角線的配置を再現したものになっているのです。飛び出た形の冒頭のsiは、われわれ読者がこれから虚構と仮説の世界に入ることを告げているように思いますが、これは別の詩でも言えることです。ここでは加えて、音楽と歌の空間が喚起されているのではないでしょうか。siは言うまでもなく、音名のシなのです。マラルメにとって本当の歌とは、一般に言われる音楽に備わるような、実際に歌われたり奏でられたりする物理的な音ではなく、詩に属する精神的なものとされています。詩的テクストを読むこと――黙読をふくめて――によって喚起されるべきものであって、オーケストラの楽器によって発せられるものではないのです。音楽、そしてワーグナーが音楽劇という形式で芸術宗教の土台とすることを目指したオペラでもそうなのです。後者では台本と音楽は併置されているだけで、言葉であれば密接な関係を持つような意味を、音楽は明確な形で生起させることができないのです。本当の歌というのは結局、ただ一つの言語によって生み出される歌であり、詩句の意味に内在する歌である――、これがマラルメの考えです。『賽の一振り』で音楽が「シ（si）」や「沈黙に巻き込まれる」という語で示されているというのは、ワーグナーの挑戦に対するマラルメの応答と言えないでしょうか。芸術宗教は詩によって、精神の歌によって生み出される作品であって、音楽家や物理的な歌によるものではないのです。

「もし（si）」を音名のシと同一視するのには（結びつけるというのならまだしも）無理があると考え

られたかもしれません。しかしこのシという音階が「聖ヨハネ賛歌」の詩句の冒頭に由来することを喚起するなら、必ずしもそう言えないのではないでしょうか。シは聖ヨハネ（Saint Jean）のイニシャル〔SJ＝SIであり、JはIの異字体とみなせる〕なのです。暗号と言ってもよいでしょう。「エロディヤードの結婚」においてsiが冒頭に置かれていることを考えるならば、これを単なる偶然と信じることはもはや不可能でしょう。siとは聖ヨハネであり、仮定や虚構を導くものであり、沈黙（si-lence）に立ち戻った音楽です。「あたかも（COMME SI）」の真意はすでに明らかなように思います。虚構を喚起する漠とした従属節を今や超えて、「聖ヨハネ（SI）」「のように（COMME）」を意味する明確な比喩なのです。とはいえ聖ヨハネに何が、誰がたとえられるのでしょうか？　それは第一に「けがれなき徴し」をつけ斬首された聖人、つまり羽飾りのついたトック帽をかぶっていた船長でしょう。実際これに続く箇所でも、船長の頭を覆う二つの要素であるトック帽と羽飾りは、波に飲まれた船長が波間に姿を消した後も、相変わらず渦のまわりを旋回し続けています。これで明らかでしょう。聖ヨハネのSIは『賽の一振り』の主人公の頭を象徴するもの（頭を覆うもの）にたとえられ、船長の頭は自己の完全な純粋化に到達して、詩人のペン《メトル》（＝羽飾り）へと還元されるのです。

また、この斬首というモチーフは船長を聖人の存在に近づけるために、このように演出された斬首の後に大変重要なことが起こることを意味します。それは救世主の到来ではなく、唯一の韻律《メトル》の到来です。しかしもしSIが聖ヨハネのイニシャルであることを認めるなら、それがまた音名のシと同一のものであり、万人が知る音階であるハ長調においてはオクターブの七番目の音であるとわかるでしょう。この点から考えると、二つの「あたかも（comme si）」に挟まれた部分は別の意味を持ち始め、きわめて容易に解釈できることになります。「あたかも（COMME SI）／波間にただ身を沈めれば（une insinuation simple)」という部分は、シによって七を「ほのめかす（insinuer）」という、まさにごく単純なことを言っているだけではないでしょうか？　続きも同じように容易に理解できます。「可笑しなことに沈黙に巻き込まれるだけ」というのは、シが沈黙に巻き込まれるということを意味します。それはシが暗号化したコードを黙して語らないからであると同時に、一般的な意味での音楽から音を奪い、詩という「沈黙の音楽」（詩「聖女」に出てくる言葉です）に贈与したからでしょう。これに続く「神秘」はもちろん謎かけされた謎を指します。「身を投げ出し」――、これは見開き頁の左上から右下へ、つまり第一の si から第二の si への落下です。「近づく狂喜と恐怖の渦のようなもののなかで」は詩人における怖れに満ちた狂喜の感情ですが、なぜこのような矛盾した感情を覚えたのでしょうか。真剣とみなされる詩のなかでこのような謎かけを試みることが、楽しくも怖しくも感じるのでしょう。「深き淵の周りでひらひらと舞うかのごとく／淵を覆うこともなく／逃れることもなく／そのけがれなき徴しを揺するかのごとく」――、シという徴しはまだ暴かれていないのですから、けがれなきものなのです。物語内容の解釈以外にも、この頁の至るところに si が散りばめられていることは見てとれるでしょう。insinuation（身を沈める＝ほのめかす）、simple（ただ）、silence（沈黙）、précipité（投げ出された）などです。これこそ詩のまさに真ん中に仕掛けられた〈数〉の完璧な暗号化です。その数とは何でしょうか？　Comme si ＝七、tourbillon ＝〇、Comme si ＝七、つまり七〇七です。

新たなる聖別へ

七〇七という数字に関して、『数とセイレーン』で示したように、『賽の一振り』の七〇七番目の語は結論部の命題に先立つ語である「聖別」でした。この著作では語を実際に並べて数えていってこの仮定を立証しましたが、本当に「聖別」は七〇七番目の語なのか、ここで確認する必要があります。

しかしその前に、そもそもこの仮説が証明されたとしても、そこから何が結論づけられるのでしょうか？　一度鍵を見つけてしまえば、音綴ではなく語の数を数えて、『賽の一振り』に暗号化された韻律があることが証明できます。それはそれで満足なのですが、一方で欲求不満にも陥ります。というのもこれがなぜ現代詩の問題を解決するのか、どうしてこの奇妙な韻律が他のものではありえない唯一の数であるはずなのか、よくわからないからです。こうした問題こそ、これから『賽の一振り』の核心にまで踏み込むにあたって解決しなければならない問題でしょう。

そのためには次の点からもう一度見てみる必要があります。一八八五年から一八九五年のマラルメは二つの挑戦に応えようとしていました。一つには自由詩であり、韻律など理由のない産物あるいは政治的な産物にすぎないとして、偶然のなかに落とし込むものです。もう一つはワーグナーであり、彼はフランス詩人から芸術宗教を創設するという務めを簒奪したのです。マラルメは楽器が奏でるような物質的な音楽について原則的に留保をつけていますが、ワーグナーに対して別の批判を、次のように定式化しています。すなわち、全体芸術の弱点は、劇を上演することに満足して、観客を古代ギリシャやその悲劇という伝統に立ち戻らせない、ということです。虚構という媒介を通じて、都市やその諸問題を市民自らが観想する原則に立ち戻る可能性を与えないのです。マラルメにとってワーグナーは、ギリシャ人が悲劇で行ったことをドイツ民族にそのまま移し変えようとしているように見えました。つまり自らの神話を通して、舞台によって自己を鏡写しにして自らを見つめるという行為です。しかし詩人の見立てでは、ギリシャ演劇ではキリスト教の後に新しい宗教を打ち立てることはできないのです。なぜでしょうか。なぜなら、舞台とはまさしく上演＝表象であり、虚構だからです。現代人は古代の悲劇のような上演の宗教に戻ることはできないでしょう。というのも古代と現代のあいだで、われわれは別の味を知ってしまったからです。それは中世のラテン性と言えるものですが、このラテン性が伝播させたもの、ギリシャ人がついぞ知らないままであったものとは何でしょうか。それはまさしく、ミサなのです。たしかにマラルメは信仰をすでに失っています。しかし装置としてのミサについては関心を持ち続けていました（ドゥルーズはこの点で彼を批判しています）。

ミサは実際にはどのように機能するのでしょうか？ またそれが演劇という装置に還元されないのはなぜなのでしょうか？ 司祭は俳優ではないから、がその答えです。司祭は受難を舞台上で再演するのではなく、神の現存を（聖体拝領といった）コード化された儀式的な身振りによって、あるいは（会衆に背を向けるといった）ごく単純な身振りによって保証するのです。ミサは現存（présence）の秩序に属する何かをもたらすのであって、表象（représentation）の秩序には属さないのです。神は虚構としてあるだけでなく、そこに現存する存在なのです。この受難は直接オスチヤ（聖体のパン）を地上へ降ろしてきて、神との物理的な同化を引き起こすに至ります。ミサには神的なものを現実的な形で伝播させる力が備わっており、「黒い竜が隠し持つ宝物」とマラルメが呼ぶ神的なものは、表象されるものから現存するものへと移行するのです。現代の詩がこのようなミサの力を手に入れることができないのであれば、キリスト教は権威を失わないだろう――、これがマラルメの確信でした。古い信仰を終わりにするためにこの宝物を奪う必要があるということを、『ディヴァガシオン』の「聖務・典礼」と題されたセクションに収められた文章でマラルメは理論化しています。とくに「カトリシスム」（一八九五）では、聖体拝領によって保証された現存の問題が扱われています。

一方で一八九五年は、マラルメが「書物のためのメモ」を書くのをやめた年でもあります。これはおそらく偶然ではないでしょう。というのも書物のミサが提示できたのは朗読の儀式や舞台上演にすぎず、つまりは神的なものが現実的な形で「伝播」することはないのです。マラルメは道を間違えたと気づいて――このままではワーグナーの二の舞になると気づいて――、路線変更をして『賽の一振り』の執筆へと向かいます。その前提となるようなものは同年の別の批評文、「書物、精神の楽器」に見られます。しかし『賽の一振り』はどのようにしてこの悩ましい難題――単に絶対を表象するのではなく、神的なものの現存を喚起することができる詩を実現すること――を解決する方向に向かっていったのでしょうか。さらには、古い宗教的な超越性が支配する世界ではなく、虚無が支配する世界に詩が展開している今、どのように神的なものを伝播できるのでしょうか。

投瓶通信としての『賽の一振り』

『賽の一振り』をもう一度見てみましょう。まずは暗号化された韻律が、さきほど明らかにしたような暗号があるとしましょう。しかし『賽の一振り』にも、マラルメの他の作品を見渡しても、この韻律の存在を導くものなど存在しないことを認めなければなりません。マラルメの文章を生涯かけて読むことはできますが、そうしたとしても捜査を軌道に乗せる手がかりは何も見つからないでしょう。私がこれを発見したのは、単に幸運にめぐり合ったからなのです。というのもある日、あるソネの語の数を数えてみようという突飛な考えを思いついたのです。そのソネは「[密雲の低く圧しかぶさるあたりに……]」であり、この詩が書かれた一八九四年にはすでに、この暗号化の原則が成立していたことがわかります。しかしこの数の発見が偶然成立したこと自体は、偶然ではないのです。なぜならマラルメは明らかに、自らの韻律を発見する務めを偶然に、偶発的な試みにゆだねていたからです。彼は作品のなかに、自分が語の数に暗号を隠すというようなことをしていることを合理的に推論させるような記述を、何一つ残しませんでした。なぜならこのようなプロセスを発見するのは〈偶然〉であって、読者の博覧強記や知性であってはならない、というのがマラルメの願いだったからです。かくして詩人は解釈の歴史という偶然の海に、一つの暗号を投げたのです。この暗号がいつの日にか解読されるのかどうか、保証するものは何もありません。

実際、『賽の一振り』がヴィニーの「海の投壜」と呼ばれる詩にインスピレーションを受けた作品であることも知っておくべきでしょう。この詩では、船長が船もろとも海に沈む前に瓶を投げるのですが、そのなかには「星々の計算」、すなわち船長が発見した新しい航路を示す星々の計算法が封入されています。船長は神の摂理によって、名も知らぬ者がこの瓶を手にし、封が開かれることを望むのです。「海の投壜」においてこの摂理は重要で、何しろ神は瓶をフランスの漁夫の手元に導くからで、ついにはわれわれの幸ある国民の一賢者にこの計算式がゆだねられるからです。しかし、マラルメの船長とヴィニーの船長の違いは、『賽の一振り』には瓶を投げる場面が表象＝上演されないことです。それは現実に実行されるのです。『賽の一振り』は行為遂行的な詩であって、マラルメは船長について描写したことを非常に正確な形で実行するのです。彼は自分自身、後世という大洋に向かって、星々により示される〈数〉を投げるかどうか迷い、自問します。いつか韻律の計算＝星々の計算が解かれるようにという願いをこめて、詩人は自らの神性――マラルメにあっては偶然であって神の摂理ではないものです――に託して、詩人の運命を賭けるのでしょうか？　この解によって詩に新しい航路は開かれるのでしょうか？　マラルメは〈船長《メトル》〉で〈数〉を実際に投げるけれども、実際にさまざまな誤解や曲解のなかに覆い隠される——、このような筋書きを認めるならば、われわれ読者は本当の意味での受難に立ち会っていることがわかるでしょう。それは自らの作品の究極の意味を偶然の一擲にかける老詩人の受難なのです。詩のなかで実際に生起するものを読者が発見できるかどうかは、永遠不変の〈偶然〉の判断にゆだねられるのです。『賽の一振り』はまさしく犠牲であり、それゆえ「聖別」という語が現れるのでしょう。キリストは肉体を犠牲にしましたが、マラルメは〈自らの作品の〉意味を犠牲にするのです。キリストの犠牲よりもはるかに霊的な犠牲であり、身体的な直接性といったものから解放されて、より高等な形で表現されるものです。

〈偶然〉という名の無限

さて、ここまで来ればマラルメを韻律《メトル》につなぎとめるものが何なのかがわかるでしょう。その本質は詩句に律動を与えることであるよりも、すでに述べたような文化的な次元を確かなものにすることなのです。暗号化された韻律は『賽の一振り』を一人静かに読む者に、現実の詩人の存在を浮かび上がらせます。詩人は自らの作品が実際にこうむるであろう犠牲を受け入れます。これは精神の聖体拝領であり、詩の黙読を孤独であるが普遍的な儀式へと変容させるものなのです。おそらくは現代人が皮肉なしに認めることができるような、唯一の儀式の形式なのです。

しかしこの問題の核心にはまだ到達していません。というのもこの〈数〉が必然的なもの、つまり「神的な」ものを含みうるのかどうかは、いまだに不分明だからです。すでに察しがついたと思いますが、虚無の詩人が唯一接近できる神性とは、〈偶然〉なのです。一方、〈偶然〉だけが永遠なのであり、これは文字通り『賽の一振り』の題名が告げていることです。「賽の一振りはけっして〈偶然〉を廃さないだろう」。言い換えれば、すべてが偶然にゆだねられるのであり、すべての投擲は偶然の蓋然性のなかに沈み込むのですが、大文字の〈偶然〉だけがこの運命を逃れるのです。〈偶然〉は、いかなる骰子の投擲も生起させたり破壊したりできないものなのです。ゆえに、永遠なるものとは〈偶然〉であり、われわれ人間が持つ唯一の〈無限〉なのです。一方、〈数〉がある一人の人間である詩人による、ある一回の蓋然的な投擲という事実にとどまらないようにするためには、つまりは必然的な次元を備えるには、〈数〉が単に〈偶然〉の結果になるのではなく、〈偶然〉と「融合する」ことが必要になるでしょう。このことは、以下の詩の一断章がまさしく意味していることで、船長が波に飲まれる前に告げるような台詞とも言えます。「かりに／それが〈数〉であるのなら／それは／〈偶然〉だろう」（見開き八―九頁目）。これはよく「たとえ〈数〉が生起したとしても、〈偶然〉のくだらない結果にすぎないだろう」と解釈されますが、このように理解してはならないように思います。むしろ「〈数〉が実際に生起するのだとすれば、〈偶然〉と同一のものに他ならないだろう」でしょう。というのも〈偶然〉のみが「他のものではありえない」からです。しかし〈韻律〉はどのように〈偶然〉と融合し、神性を帯びるに至るのでしょうか？

この最後の謎を解明するには、すでに見た一八六九年の物語『イジチュール』に立ち戻る必要があります。この時期、友人ヴィリエ・ド・リラダンの影響から、マラルメはヘーゲルに関心を抱いていました。ヘーゲル自体は読んでいなかったようでしたが、少なくともエドモン・シェレールという一八六〇年代にヘーゲルの評論を行った人物の文章は読んでいたようです。その論は疑わしいものではありますが、ヘーゲル全体を扱ったものであり刺激的な論でした。この評論のなかにマラルメが発見できたのは、ヘーゲルが無限について提示した、数学的というよりは思弁的な概念です。神的な無限とは、まさしく神の外には何もないという意味で無限である、とヘーゲルは考えます。これはなぜヘーゲルにとって真の神がキリスト教の神であるかの理由になっています。キリスト教的神はある特異な一人の人間に受肉したからです。もし神がユダヤやイスラームの神のように、根源的な超越性を備えた神にすぎないのであれば、まさにすべてのものにはならなかったでしょう。なぜならそれは人間ではないからです。純然たる神性を持った神は自らのうちに有限を持たないので、外にある有限によって限界づけられます〔悪無限〕。つまり蓋然性や有限性、それ自身の本性から外れた不完成によって限界づけられます。神が本来的に無限であるためには、人間を経過する必要があります。神が人間に自らをなす、つまりイエスとなり、有限を自らの過程に取り込む必要がある〔真無限〕――、これがヘーゲルの主張です。しかし神が人類のうちにとどまったままでもいけません。そのままでは有限にとどまり神的な部分を失ってしまうでしょう。したがって、有限性に満ちた無限性のうちに戻らなければなりません。つまりイエスは十字架にかけられ、死に、父なる神のもとに再び上昇していくのです。エドモン・シェレールが論じるように、無限が訪《パス》れるには、有限は身まか《トレパス》る必要があります。神は人間のように死ななければならず、そうして彼自身の無限に合流します。人間としてのキリストから三位一体の永遠のキリストへの移行が成り立つのです。そのとき無限は磔刑によって廃されたものとしての有限性の契機を、永遠に含むことになるのです。

　一方『イジチュール』においてマラルメは明らかに、今述べたヘーゲルにおける神的無限の属性を偶然に対して付与しているように見えます。この物語では何ものも偶然からは逃れられません。偶然の外にあるものは存在しないのです。そして神からも逃れられないのです。虚無のなかに陥った神は無限となるのです。こうした理由で「偶然（Hazard）」（マラルメはhasardではなくhazardと書いていますが、これによりアラビア語にさかのぼる語源である「骰子遊び」が喚起されます）に無限という性質が与えられるのです。

ここでは『イジチュール』のテクストの非常に複雑な細部には触れません。しかし『数とセイレーン』で注釈し、この無限という説の論拠となる内容を含んだ一節については、ここでも振り返ってみましょう。実のところ偶然というのは、次の二通りの仕方で表されます。偶然はまずは明白な形で、生存にまつわるさまざまな失敗の姿として表れます。重要な結果の出ない骰子の投擲や陳腐な詩句といったものです。この意味では、ごくありふれた凡庸な現実によって「肯定」されうるもので、これが第一の偶然です。しかし、明らかに意味を備えた現象でも突然に起こった場合には、現実によってそれを「否定」される場合もあり、これが第二の偶然です。たとえば命を賭けた勝負において、奇跡的に勝利に導くような骰子の結果であるとか、さらに言えば神的な必然性によるものではないかと思わせるほどの、完全な形をした詩句などが、より本質的な例として挙げられるでしょう。しかしもちろんこの場合でも、偶然がこうした効果を生み出すことについては変わりありません。第二の偶然の否定は、普通でない「偶然の一致」や、偶発的に身につけた創造の天才という形での、偶然の再肯定に他ならないのです。したがって偶然とは、それを肯定するもののなかにも、否定するもののなかにも等しく存在するものです。この意味で偶然とは無限であり、自らの否定と肯定をともに含むために、自らの外部には何も存在しないのです。

こうした偶然の「弁証法的」無限化を端緒として、ある問いがマラルメの頭にとりつき始めます。

「どのようにしてこの無限性を人間の行為によって、人間と等しいものにできるのか」という問いです。〈偶然〉とはわれわれ人間のうちにある、神的なものを形象化したものです。したがって〈偶然〉に対して人間が同等にあるということは、人間が自らの神的な部分、永遠に意味づけが不可能な部分に接近することを意味するでしょう。しかしいかなる行為も有限で偶発的、つまりは〈偶然〉によって生み出され、自らとは同じものではなくなり〈偶然〉ではなくなる以上、どのような行為によってそれは可能でしょうか？　マラルメによれば、このように理解された無限と接近する行為とは「躊躇」です。どうして躊躇なのでしょうか？　なぜなら躊躇においてあなたは潜在的にあなたがそうあるものであり、そうでないものでもあるからです。あなたはある行動を起こそうとしている人間でありつつ、それを控え続ける人間でもある。あなたは両者の「間」にいて、これら二つの対立項を自らのうちに潜在的に備えている、というわけです。『イジチュール』の結末の一つでは、主人公はためらい、骰子を投げるのではなく手のなかで骰子を振るように見えます。しかしついには運命を甘受し、先祖たちの灰の上に永久に身を横たえるのです。躊躇する人物の代表としてはもちろんハムレットがいて、この作品は『イジチュール』のモデルとなっていますが、実を言うとマラルメにとっては時代を超えて書き継ぐべき唯一の作品とみなされています。『ハムレット』は非常にラディカルな作品であり、というのもその筋書きはまさしく無限が主人公のドラマだからです。しかしシェイクスピアの劇作では、主人公は結局のところ選択をして父を殺した者に報復し、自らも死ぬことで有限化したことも見逃せません。

躊躇する〈数〉

ここで『賽の一振り』に立ち戻って考えてみましょう。もしマラルメが受難に相当する仕掛けを手に入れていたのなら、人間的な犠牲だけでなく神的な犠牲も生み出したはずであり、有限であるばかりでなく無限の犠牲も実現させていたはずです。キリストは十字架にかけられた人間であるばかりでなく、十字架にかけられた人間＝神なのです。したがってキリスト教を超えるには、受難（詩の意味が〈偶然〉へ帰着すること）だけでなく、供犠を執り行う司祭を無限化するような受難を実現させる必要があるのです。つまりマラルメ自身を無限化する受難です。一方でよく知られるように、詩における唯一の「行為」とは次の文に要約されるものです。「船長は／ためらう」、つまり骰子を投げるのをためらうことです。船長の唯一の行為もまた、躊躇なのです。しかしハムレットやイジチュールとは異なり、船長の躊躇は決して、最終的に選び取られた決然とした行動によって超克されることはありません。船長の運命については、彼が永遠のごとくためらうこと以外に何も知られることはないのです。骰子の投擲はあったのか、なかったのか？　数はあったのか？　これらは永遠に仮定に属するべき事柄のようなのです。こうした理由でマラルメは結論部で、「何ものも起こらなかった　場をのぞいては」ではなく、「何ものも起こらなかったであろう　**おそらく（PEUT-ÊTRE）**　場をのぞいては」と記したのでしょう。星座はおそらくあったのでしょう、なかったのかもしれませんが。

ここから、ついに「唯一の数」の必然性が何に由来しうるかわかるでしょう。唯一の数は別の数ではありえません。なぜなら無限だからです。つまりそれ自体のなかに別のものを含んでいるからです。

決定不可能な仮説としての、それ自身の非存在を含んでいるのです。それはそれであり、おそらくはそうではないものでもある。無限の投擲の果ての、永遠に仮定的な結果であり、というのもこの数はつねに躊躇するからで、この意味で〈偶然〉そのものの必然性と等しいものになりうるのです。マラルメは自ら骰子を投げる者と化して、唯一の韻律を生み出しつつ生み出さないことで、彼自身が無限化されたと感じたことでしょう。彼は永遠に、二つの骰子で唯一の韻律を出す投擲者であり、同時に非投擲者なのです。

とはいえ今ここで言ったことは、私自身の推測と矛盾しているように聞こえるかもしれません。つまり、十分に確定され暗号化されていた数があるという説と話が違うのではないか、という反論です。暗号は七〇七であることが明らかとなったはずでした。すでに述べたことによるなら、マラルメは骰子を投げ自分の〈数〉を生起させたはずでした。話を終えるにあたって、この数に立ち戻るべきときでしょう。この七〇七という数はあまりに明確すぎて偶発的ではありえないように、絶望的に有限なもののように見えてしまいます。七〇七という数字の象徴的な意味は容易に理解できます。最初の七はまずもって七星の数であり、詩人を導く新しい〈北〉です。そしてこの意味で、美に奉仕するかのように散り輝く星々の偶然が表されるのです。この美とは、虚無を背景にして、切り出されたことばの一つひとつが配置されて得られたものであり、限りない夜空を背景にして、散りばめられた星々が有限の星座となって具現化した美でもあります。

この〈夜〉は勝利の夜です。古き宗教の光、太陽の光からわれわれ人間を解放し、天球上に整った秩序を持たずにまき散らされている星々の輝きへと誘います。天の〈偶然〉であり、永遠のうちに視覚化された〈偶然〉なのです。また七という数はすでに触れましたが、ソネという一四行詩を指すことから、定型の象徴でもありました。真ん中の〇については虚無を指しており、それを背景として七星が現れます。最後に、再登場する七は韻律の擁護ばかりでなく、韻の擁護のようにも見えます。マラルメから見れば、これは現代の詩句を古の詩句よりも優れたものにするものです。というのも、韻は詩句同士を関連づけて二重化し、空虚つまり中央で二つの詩句を切り分ける空白を介して、韻自身とともに詩句を震わせるからです（詩句とは韻を踏まれた詩句のペアであり、互いを分かつ虚無を媒介にして共振するのです）。

しかし、こうしたことはすべて〈数〉の無限化を許さないものとなります。結局は数字を象徴として、比喩として解釈するにとどまっているのです。けれども、もしこの数がそのうちに躊躇という要素を含み、数を無限化するのであれば、すべてが変わってきます。躊躇によってこの数は七〇七と等しくなり、同時に等しくないということが可能になります。そんなことがどのように起こりうるのでしょうか？　この詩が暗号化されたことがほぼ確かであり、同時に完全には確かではないということであれば、話はごく単純なものになるでしょう。このようなことが起こるには何が必要なのでしょうか？　語の数え上げ《カウント》の結果が完全に七〇七でないこと、これが答えです。暗号システムのなかに「不具合の部分」があったとしましょう。語の数え上げの際にためらう部分があったとしましょう。そうであれば、詩が解読されたとしても、マラルメは〔暗号化をしたという〕自らの身ぶりの確かさを犠牲にし、永遠に封印してしまったことが示されたというわけです。本当にそうしたのであれば、彼は現実的な事象――暗号化の身ぶり――を生起させたということになります。そしてそれは同時に仮定的な事象でもあるのです。詩の署名者であるマラルメは変わることなく、子々孫々に至るまで、無限の存在となるでしょう。彼は投擲をしたのかもしれないし、しなかったのかもしれません。自ら偶然のうちにおぼれて、ハムレットをモデルに自らのうちで無限化したのかもしれません。ハムレット自身、現実の存在であると同時に虚構の存在でもあります。現実の個人と仮定的な虚構のハイブリッドなのです。こうしたことから生み出されるのは芸術宗教であり、その唯一の登場人物はマラルメとなるでしょう。しかしそれは現実のマラルメではなく、むしろ詩の署名者としてのマラルメ、その意味で〈偶然〉に匹敵する存在としてのマラルメなのです。

総和は本当に七〇七なのか？

したがって語の数え上げの際に不具合の部分があるかどうか、探してみる必要があります。当初数え上げた数に異議申し立てをするような部分があるかどうかです。こうした数え上げ《カウント》の揺れを発見したのは、予想通り偶然によるものです。詩全体の語の総和が本当に七〇七で合っているかどうかを確認しようとしたとき、私は一日中何度数えなおしても、七〇七に辿り着かないことがありました。あるときどうして数が変わるのか、原因を突きとめることができました。いやむしろ、それ以上のことを悟ったのです。間違いの原因は『賽の一振り』には三つ複合語があるということです。そのうち二つは、当時ハイフンをつけずに書かれていて（「かなた（au delà）」、「向こう側に（par delà）」）、こうした語を一語として読むか、二語として読むべきか迷うところでした。一語として読むのはまったく自明なことではありません。なぜなら au や par、delà といった辞項の一つひとつは、当時参照されたリトレ辞典に項目として上がっているのです。リトレ辞典では「かなた（au delà）」は一語とみなしていますが、「向こう側に（par delà）」は独立した項目としてあがっておらず、delà と par の説明のなかに出てくる成句として現れる語になっています。それでは、この二つの語（あるいは四つの語）を数えるためにどんな基準を採用すればよいのでしょうか？　もちろん確実なことは何もないと言ってよいでしょう。七〇七という数字を出した数え上げの基準は、私には最も妥当性のあるもののように思います。それは次の語と余白によって分離されている場合、一語と数えるという基準です（余白には語と語を切り離す働きがあり、その力は見逃せないものです）。そうなると、先ほどの二つの複合語はハイフンがないので、四つの語（au, delà, par, delà）として数えることになります。しかしこれから見る第三の複合語は、半分ずつを占める二つの事項がハイフンで緊密に結びついているため、二語ではなく一語と数えます。他の基準を設定することもできますが、そうすると別の結果を生むことになるでしょう。三つの複合語を三語と数えたり、六語と数えたりする場合です。したがって、数は七〇五から七〇八まで揺れることになります。

ここまで行くと、マラルメが本当にこのような仕掛けを当てにすることができたと考えるのは狂気の沙汰ではないか、という批判が聞こえてきそうです。マラルメがこうした手段を考えていたと信じるには——すべてが仮定になるからには「可能な限り信じるには」と言うべきでしょうが——、第三の複合語のうちに躊躇の要素がなければならないでしょう。ところでその三つ目の複合語は、もう気づいたかもしれません、「おそらく（PEUT-ÊTRE）」です。「**何ものも起こらなかったであろう**／**場をのぞいては**／**ただあるのは**／**おそらく**／**一つの星座**」。この「おそらく」にはハイフンがありますが、まさに詩の不確実性のピークと言うことができます。いわばその資格もないのに普通の二倍の大きさの文字で記された、ハイフンつきの唯一の複合語、少数のなかの少数の語なのです。この語はさまざまな数え上げの原則を狂わせるのを終わらせ、この語だけでその断言が真実である印象を生むものです。この「おそらく」はこれだけで詩の行為遂行的な力を支える語となります。というのもマラルメはこの語を白地の上に黒い文字で記すことで、自らの韻律を、身ぶりを、作者のアイデンティティを無限化したからです。この「おそらく」は自己生成する語であり、詩全体を不確かに定めることで揺るがすのです。

セイレーンへの生成変化

この数え上げの揺れは詩のなかでもほのめかされています。それは見開き八頁目で繰り広げられるセイレーンのエピソードです。そこでは「かわいい身の丈」が「身をよじらせたセイレーンとして」出現するのを目撃できるでしょう。このセイレーンが水から出現するのはまさに、まだ沈みやらない船長の帽子の羽飾りが漂う瞬間で、その様子はまるでこの怪物が一瞬、船長の頭を帽子のように覆ったかのようです。セイレーンはその尾で「無限に境界を課した岩」を叩きます。この岩は船長の黒いトック帽、つまり船長の不完全な勝利の象徴に他なりません。「小さく雄々しき理性」は語の数を数えることに執着して、閉じられた〈数〉(七〇七)を出すことに満足しようとしていますが、実のところこれは〈韻律〉が真に持っている無限性と対立するものです。しかしセイレーンはこのような静態的な構造のなかに「動き、揺れ」を導入します。構造というのはマラルメの時代では、自由詩における無音の e にたとえられるものです。自由詩でも『賽の一振り』でも無音の e を音綴として数えるべきかどうかは確定できないということは、すでに述べたつもりです。一九世紀末でも、詩論はあいかわらず混乱していて〔音節よりもアクセントの数を強調する考えもあり〕、無音の e を音綴に数えるという自由は古典詩にも当てはめられると考えられていました（詳細は『数とセイレーン』で論じました）。それはマラルメにとっても同様です。一方、無音（muet）の e は見開き八頁目で反復して使われています。とくに、暗示とはいえそれそのものとして、まさしくこのページの上部に書かれた断片のなかで使われています。「婚姻を待ち／沈黙を守る者（muet）／笑い」。見開き八頁目は全体として『賽の一振り』の詩句に起こった出来事を喚起する傾向にありますが、それは詩句における無音の e の出現にたとえられる出来事です。つまり無音の e とは音綴として数えてよいかわからない、数的価値を示す語としては決定不可能な語なのです。

まとめましょう。マラルメは船長として、あまりにも人間的な姿で波に飲まれたのですが、あたかも二つの尾を持つ生き物の形をしてよみがえった、と言えるでしょう。それはセイレーンであり、船長の帽子――純粋と化した精神――をかぶって我が物とするのです。半分人間で半分想像的な生物として、『賽の一振り』の作者マラルメは実際に生きる個人としての死を超えて、無限へと生成変化を遂げるのです。

唯物論的神格化に向けて

かくして、『賽の一振り』は書物のさまざまな条件を満たした存在になると言えるでしょう。それは儀式の場であり、「現実存在」すなわち神的なものが伝播する場となります。また精神の歌が生起する場ともなるのです（詩は黙読されなければならないのであって、公の場で声を上げて発せられるべきではないのです。グラフィック的な効果や空間上のレイアウトの効果を十全に展開させるには、文字として見られる必要があるのです）。しかし、マラルメが書物に与えようとしたあの注目すべき特性、究極と言ってもよい特性についても、『賽の一振り』は備えているのです。それは実のところ誰によっても書かれなかったということであり、書物の作者は結局のところ匿名であるということです。なぜなら『賽の一振り』は読者から逃れ去る存在であり、実人生を生きるマラルメが実際に考えていたこと――自身の意図を暗号化したり、暗号化しなかったり、自ら隠したりする、など――は、読者には決してわからないからです。マラルメ自身、たとえ詩を暗号化していたとしても、『賽の一振り』が運命の幸福な一撃によって、偶然解読されてしまうかどうかを知ることは決してないでしょう。真実の二つの端――作者と読者――を共に生きることは誰にもできません。詩は詩そのものにのみ属する論理に従って機能するのです。

結論として、私のマラルメの解釈がキリスト教的とは言わなくても、少なくともキリスト的な読み方ではないかと思われた人もおそらくいたのではないでしょうか。しかし私にとってこの解釈は、繰り返しますが何よりもまず、唯物論的な解釈なのです。エピクロスからマラルメまで、彼らがとった身ぶりは根本的に同一のものと思われるのです。神的なものは存在する、しかしそれは本質的なことではない、という考えです。実際、マラルメはある種のやり方で、現代性の勝利を確かなものにすることができた人物でした。つまりは「芸術宗教」であり、古い信仰に内在する代換宗教です。思想家たちは古い宗教がすでに頓挫したことを主張し、さらには政治的に犯罪的な結果をもたらしたとまで説きましたが、マラルメはこれを最後まで成功裡に導いたのです。『賽の一振り』によって、詩の神格化が起こり、新しい信仰が誕生したのです。しかしこの勝利、この信仰、この宗教というのは、われわれが期待したり揶揄したり批判したりするものとは何の関係もありません。この新しい信仰はただ単に本の黙読でしかないのです。もしもこうだったらと仮定をめぐらすことであったり、語の数を数える遊びにすぎないのです。それ以上のものではないけれども、キリスト教以上の、よりよいものなのです。それは大仰なものも超越的なものもない、神的なものの再発明であり、われわれ人間の生にとって最も重要なものでもないですが、エレガントでとても美しい慎みによって、それを共にするようなものなのです。このような唯物論的な身ぶりを反復し、エピクロスとマラルメとは別のしかたで二次的な神々を再発明する最も有効な方法——、ここに、自らの内在的な力能に返された哲学の務めがあるのだと、私は思います。

訳者解題

本稿は二〇一二年五月六日、ミゲル・アブルー・ギャラリー（ニューヨーク）で行われた講演原稿を翻訳したものである（Quentin Meillassoux, « *Le Coup de dés*, ou la divinisation matérialiste de l'hypothèse »）。原則としてイタリックには傍点をしたが、講演原稿ということもあり、文脈で伝わりにくい部分はそのままにした部分もある。段落換えも原則的には原文に忠実に行ったが、若干長い段落については、内容が切れるところで段落分けを加えている。小見出しも訳者の判断で加えた。講演の調子を生かすため「です・ます」調で訳している。

『賽の一振り』からの引用の訳は、『マラルメ全集第一巻』（筑摩書房、二〇一〇年）の清水徹訳を参考にさせていただきながらも、拙訳を用いることにした。また『賽の一振り』は略称であり、作品中の「賽の一振りは断じて偶然（Hasard）を廃さないだろう」という主題に由来するものだが、本訳ではHasardは一貫して「偶然」と訳した。メイヤスーの他の著作・論考ではhasardは偶然性・蓋然性（contingence）と区別されて論じられているが、本稿では両者は対立した概念として用いられていないこと、また『賽の一振り』論において「偶然（Hasard）」が定訳であることが、その理由である。

本稿はメイヤスーの特異なマラルメ論『数とセイレーン——『賽の一振り』解読』（二〇一一年）を要約・解説したものである。この著作の邦訳がない状況ということもあり、彼の分析のエッセンスにアクセスできる最良の論考の一つと言える。導入における、エピクロスの唯物論から無神論ならぬ神の存在論への意想外の橋渡しは、本稿独自の展開であり、博士論文「神の不在」との関係も問われるところであろう。訳者が身をおくマラルメ研究の立場からは、「七〇七」の数え上げ《カウント》という結論だけを取り出すのなら「トンデモ」であろうとも、『賽の一振り』にとどまらずマラルメのテクスト全体、そして歴史的コンテクスト（自由詩、芸術宗教……）に対する理解の深さを強く感じた。何よりも「七〇七」を見つけ出し論証を詰めていくメイヤスーの「捜査」は、詩を別のしかたで読むことの愉悦を読者に喚起するものであろう。

VI

減算と縮約：ドゥルーズ、内在、『物質と記憶』

Soustraction et contraction : À propos d'une remarque de Deleuze sur *Matière et mémoire*

故フランソワ・ズーラビクヴィリに捧ぐ

『哲学とは何か』から次の指摘を引くことで議論を開始しよう。内在平面が論じられる第二章からのものである。[1]

内在は、それ自身においてのみあるということ、それゆえ内在とは、無限に多くのものの運動が駆け巡り、強度的な縦座標で満たされたひとつの平面であるということ――このことを完全に知悉していた者、それこそがスピノザである。それゆえ彼は、哲学者たちの王なのだ。おそらく唯一人、彼だけが、超越との一切の妥協を認めず、超越をいたるところで追いやったのである。

少し後でドゥルーズはこう続けている。

スピノザ、それは内在の眩惑であり、多くの哲学者がそこから抜け出そうと試みている。いつの日か、我々は成熟し、スピノザのインスピレーションにふさわしく成熟するのであろうか――そのような時が、かつて一度、ベルクソンに訪れたことがある。『物質と記憶』冒頭部で彼は、カオスを横切るひとつの平面を、すなわち、絶え間なく拡がる物質の無限運動でもあり、権利上の純粋な意識をいたるところへ分散する思考のイマージュでもあるひとつの平面を描いていたのである（〔そ

（1）Gilles Deleuze et Félix Guattari, *Qu'est-ce que la philosophie?* (Paris : Minuit, 1991), pp. 49-50. ; ジル・ドゥルーズ＋フェリックス・ガタリ『哲学とは何か』財津理訳、河出文庫、二〇一二年、八七―八八頁。この著作はドゥルーズとガタリの共著であるが、引用したテクストがドゥルーズに由来するものであることは明らかだろう。

こでは」内在が意識「に」あるのではない、その逆である）。

少なくとも二つ、このようなテクストへとアプローチする方法がある。第一の、最も自然な方法をとるなら、精緻なドゥルーズ読解に基づいた理解が試みられるだろう。そのためにはたとえば、内在平面やカオスということでドゥルーズが何を理解していたのかということの解明が必要になるだろう。そしてまた、このテクストを『シネマ』の視点（とりわけ第一巻『運動イメージ』における『物質と記憶』第一章についての二つの注釈の視点）(2)に位置づけ直す作業もまた求められるだろう。だが、このテクストへとアプローチする第二の方法が存在する――これから我々が従うことになる方法がそれである。この方法は、初めのうち、あまりに作為的に映るかもしれないが、その意義と利点はすぐに明らかになるものと思っている(3)。

さて、その方法の主眼は何にあるのだろうか。それは、ドゥルーズ読解という観点からこのテクストを理解するのではなく、このテクストの読解を通じてドゥルーズを理解すること、それも、よりよい理解を試みることにある。言い換えれば、この方法の主眼は、このテクストを解釈の対象としてではなく、解明の道具として用いる点にあるということだ。

こうした観点を理解するため、ドゥルーズをソクラテス以前の哲学者として読むとしたらどうなるかと想像してみよう。すると、この哲学者については、ごく少数の断片しか遺されておらず、そのひとつとして先のテクストは「二つの戴冠についての断片」と呼ばれることになるだろう。というのもこの断片は、二人の哲学者が王であると述べているからだ(4)。そしてこの断片に加えて、ディオゲネス・ラエルティオスによるドゥルーズ伝が必要になるだろう。もっとも、この伝記はたいして役にたたない。なぜなら、そこには、ドゥルーズがスピノザやベルクソンのたんなる弟子ではなく、ひとりの《オリジナル》哲学者であったこと、そしてその哲学が内在の哲学として通っていたこと——これ以上のことは、おそらく何も書かれていないからである。内在という平凡な言葉は、その平凡さゆえに、はっきりとしたことを何も語ってはくれないだろう。「水」や「空気」、「火」など、ソクラテス以前の哲学者の各原理を示す言葉と同じことである。したがって「ドゥルーズ哲学の文献学者」に要求されるのは、内在という語の意味の推定ということになる。前ソクラテス・ドゥルーズは、内在という概念にいかなる意味を与えたのか——ドゥルーズにとっては決定的に重要であるはずなのだが、我々には謎めいたその意味を、戴冠にまつわるあの断片から推定すること。これが我々に求められていることである。さて、どう手をつけようか。

このテクストのみから内在の概念を理解しようとするなら、もはやドゥルーズのほうではなく、著

（2）Gilles Deleuze, *Cinéma : L'Image-mouvement*, chapitres 1 et 4. (Paris : Minuit, 1983) ; ジル・ドゥルーズ『シネマ 1＊運動イメージ』、財津理・齋藤範訳、法政大学出版局、二〇〇八年、第一章および第四章。

（3）本稿は、『物質と記憶』とドゥルーズ哲学のつながりを論じるものであるが、以降『シネマ』における『物質と記憶』の分析が言及されることはない。この点について読者が驚いたとしても無理もないことである。だが本稿の主眼は、二人の哲学者の緊密な関係を理解するため、ドゥルーズがベルクソンに割いたテクストの注釈とは異なる道を開拓することにある。この手法は、見られる通り、構築的なものであって、注釈的なものではない。再構成とコメンタリーという二つの観点の突き合わせは、我々の企図からすれば、自然に求められることであろうが、その作業は、本稿の枠組みでは示すことができない。

（4）ここで、アンドレ・ベルノルドの以下のテクストを想起することもできるだろう。André Bernold, Suidas, in *Philosophie*, n. 47. (Paris : Minuit, 1995), pp.8-9.

作が完全な形で伝えられているスピノザおよびベルクソンのほうに依拠しなければならないだろう。というのも、おそらくドゥルーズがこのテクストで示しているのは、内在が何であるか、ではなくそれがどこにあるか、だからである。彼は「完全な」内在がある場所を指示しているのだ。したがって、この概念を理解しようとするなら、我々が第一に典拠に据えなければならないのは、内在の大君主スピノザであって、内在の小君主ベルクソンは、第二の典拠ということになるように思われる。

今ここに、こうした解釈の戦略をめぐって組織されるひとつの解釈学派、いわば「大君主」派があるとしよう。この学派は、実際には、ある困難に直面する。スピノザを典拠とするとき、我々は事実次のようなアポリアに遭遇することになる。ドゥルーズの断片から、内在がスピノザ哲学をいわば「飽和」していることはわかる。ドゥルーズによれば、スピノザにおいてはすべてが内在そのものである。しかし、内在がスピノザの著作の随所に見られるとすれば、それは、四方へ拡散する光と同様、捉え難いものとなってしまう。遍在していると述べることは、特定の場所にはないと言うのと同じことである。それゆえ、ドゥルーズ哲学における内在を、スピノザから理解する試みは、大した利益をもたらし得ないのである。

そこで、第二の解釈学派、いわば「小君主」派があるとしよう。この学派の最大の関心は、断片がベルクソンについて述べている箇所にある。それによれば、内在は、ベルクソンに一度、それも一度だけ訪れたということであった。内在がスピノザ哲学にとってひとつの状態であるとすれば、ベルクソン哲学にとってそれは、ひとつの出来事なのである。この君主の内在は、たんにベルクソンの一著作、『物質と記憶』に訪れているというよりも、明らかに、この著作の一部分だけに訪れている。つまり、この断片が示唆しているのは、『物質と記憶』の冒頭部がベルクソンの思想全体における「内在の極」を成しているということなのだ。このことによってベルクソンは、内在についてのドゥルーズの理解の把握を試みる上で極めて貴重な存在となる。なぜならこのことは、『物質と記憶』には、スピノザ哲学に欠けているもの、すなわち、「内在の微分」が含まれているということを意味するからである。物理学者がよく知っているように、ある大きさを取り出したり、構成したりするためには、変化量（variation）、つまり大きさの差分（différence）を自由に使用できることが不可欠である。たとえば、ある力の作用を取り出すためには、速度の変化量を自由に使用できなければならない。そこでこう述べよう。ドゥルーズ哲学における内在を取り出すには、内在の変化量、つまりは、減少という形での、内在の退潮が必要なのだ、と。ドゥルーズにとっての内在は、要するに、『物質と記憶』冒頭部の後で潮のように引いていくものであることになるだろう。

「冒頭部」ということで指示されていると推定されるのは、『物質と記憶』の第一章、すなわち、イマージュの理論および純粋知覚理論のことだろう。このことを示唆するのは、先のテクストに見られる「権利上の意識」という奇妙な表現である。この表現は実際、明らかに純粋知覚理論に関係している。というのも、すぐ後で述べることであるが、ベルクソンによれば、この理論が正しいのは権利上（en droit）のことであって、事実上（en fait）のことではないからである。知覚に記憶力の混入を認めるや否や、この理論は、実際には成立しなくなるのだ。すると、ドゥルーズ哲学における内在の理解のために問う必要があるのは、この第一章の後で、とりわけその中心を成す純粋知覚理論の後で、何が減退するのか、失われるものは何か、ということになるだろう。

だが、このような観点をとることには、次のような問題がある。それは、ドゥルーズから見れば、何かが減退するのだとしても、ベルクソンから見れば、何も失われるものはないように思われるということである。なぜなら、もちろんベルクソン自身は「内在、それは私にかつて一度、いや一度だけ訪れたことがある——しかしその後、二度と訪れることはなかった」……などとは一度も述べておらず、他のすべての哲学者と同様に、自分の論証は、進むにつれて何かを失うようなものではなく、展開されるにつれて真理へと近づくものだと思っているのだから。結局のところ、問題は、いかにして減退するものを捉えるのかという点にある。というのも、想定上、我々は今、ドゥルーズ哲学における内在の意味を何も知らないことになっており、加えて、ベルクソン自身は、自分の論証に何の後退も認めていないのだから。だとすれば、ある規準、つまりは、『物質と記憶』の内部で、〔退潮の〕変化量を記録するための目盛りを引き出す必要があるだろう。この問題の唯一の解決策は、次のように主張することである。すなわち、退潮があることの原因究明は可能であり、それが可能なのは、ベルクソンの視点からではないにしても、少なくともベルクソン的であろうとする視点からである、と。テクストに内在的な視点から、すなわち、ベルクソン自身の視点からではないにせよ、ベルクソン哲学の視点から、何かが減退するのでなければならない。それゆえまずは、ベルクソンが『物質と記憶』の序文で自らに課す諸要請——彼によれば第一章の理論によって満たされる諸要請——を検討し、次いで、以降の議論が、記憶力の導入によって、第一章ほど徹底的してそれらの要請に応じきれなくなるその理由を明らかにする必要があるだろう。そうすれば我々は、第一章が著作の残りの部分とは不釣り合いなほどに充足しているそれらの要請を、内在の条件とすることになるだろう。

すると、我々は次のような可能性に開かれていることになるだろう。すでに見たとおり、ベルクソンが主張していたのは、純粋知覚理論の権利上の正当性であって事実上のそれではない。というのも、この理論はどんな知覚にも記憶力が混入しているという事実を無視するものなのだから。それゆえ、純粋知覚理論が絶対的な真理であることが、完全な内在の哲学の必要不可欠な条件であることが示されることになるのだとすれば、我々は次のように問うことができるだろう。すなわち、その真理がたんに権利上のものであるだけでなく、事実上のものでもあるのだと言うためには、この理論をどのように修正する必要があるのだろうか、と。そして、このように問うことによって、ある架空の理論を構成する機会が得られるだろう。その理論は、ベルクソンのものでもドゥルーズのものでもないだろうが、ベルクソンだけから取り出される点において、ドゥルーズの理論との有益な対応を呈するであろう。実際、君主的な内在の哲学の原典《オリジナル》が構成されることになり、結果それは、ドゥルーズ哲学との類似の根拠をもつのであって、その哲学の理解の助けともなるだろう。

とはいえ、実際にはドゥルーズ哲学の、断片でなく完全な資料が利用できるのに、このような構成を試みることに、いったいどんな意義があるのだろうか。

少なくとも二つの理由がある。

(1)第一に、一般的な理由として、ある哲学者の理解を試みるにあたって、厳密な解釈をしようとするのではなく、その哲学を再構成できないかと問うことには、どんな場合であれ、一定の価値があるという点。なぜなら、再構成がいかに部分的であろうと、そうした作業によって我々は自分が本当は何を論じているのかを確認することができるからである。加えて、我々によるドゥルーズの理解に偏りがあることを認めよう。とすれば、こうした間接的なアプローチをとることで、何が解釈の妨げになっているのかをより正確に理解できるようになることが見込まれるだろう。

(2)第二の理由は次のとおりである。我々が示したいと思うのは、以下で構築されることになる架空のシステムが、ある種の縮小モデルとして、ドゥルーズの著作の様々な側面の本質的なつながりを明らかにする役割を果たすということである。このモデルが縮減モデルであるようにも見えることに疑いの余地はない。つまりこのモデルは、ドゥルーズ哲学のいくつかの疑似概念を構成しはするとしても、そうした概念では、原典の精緻さを再現するには不十分だろう。しかしながら、ドゥルーズ哲学のこの模倣作《シミュラークル》は、少なくとも彼の理念の隠れた構造を明らかにするという利点はもっているだろう。いずれにせよこの模倣作は、ドゥルーズの思想の様々な決定の必然的な連関を明らかにするだろうし、この連関によって我々は、モデルの一貫性を知ることができるだろう。

1 『物質と記憶』の反カント主義の賭金

それでは、いかなる点において、『物質と記憶』第一章で展開される純粋知覚理論は、同書の残りの部分よりも十分に、ベルクソン自身の諸要請に応えているのだろうか。このことを示していこう。ベルクソンはそれらの要請を、「第七版への序文」(5)において提示している。

その序文によれば、『物質と記憶』のひとつの主要な目的は、まさしくカントの批判哲学を無用なものとすることであり、そのことによって、形而上学的認識の範囲を制限する必然性に異議を唱えることであると思われる。これが内在主義の企てと呼ばれうるのは、まさしくこれが形而上学である限りにおいてである。というのも、ベルクソンにとって、形而上学とは、この場合、つまり形而上学と批判哲学とを対置する場合、現象とは異なるものとされる物自体という不可思議な存在者を拒否することを意味するからだ。反対に、理解されなければならないのは、存在（être）は、現れ（apparaître）を決して超越しないということ――存在は、おそらく現れ以上のものではあるが、現れと本質的に異なるのではないということである。イマージュの理論はこうした企てに応じるものである。

ベルクソンは次のように述べている。「観念論と実在論は、どちらも行き過ぎた主張である。物質を、我々がもつそれについての表象に還元することは誤っている。そしてまた物質を、我々の内に表象を生み出しはするが、表象とは異なる本性をもつとされる事物にしてしまうことも誤っている」[6]。したがって、物質は、イマージュの総体とみなされなければならない。そしてイマージュという言葉を、我々は、まさに常識が物質について考える際に、自然に理解されるものと考えなければならない。「常識にとって、対象は、それ自体で存在しており、その上、それ自体で、我々に見られるとおり、彩られている。それはイマージュであるが、それ自体で（en soi）存在するイマージュなのである」[7]。

このように、物質は我々がそれを知覚するとおりそれ自体で存在すると主張することによって、ベルクソンは、明らかに、カントのコペルニクス的転回を回避すること、さらには、それを無用なものとすることさえ企図している。カントの批判主義は、明らかに哲学的な論敵として想定されており、批判主義が実在論と観念論の間で生じさせた対立――デカルトとバークリの対立が挙げられている

（5）Henri Bergson, *Matière et mémoire* (Paris : PUF, 1990), p. 1. ; アンリ・ベルクソン『物質と記憶』、田島節夫訳、『ベルクソン全集2』、白水社、二〇〇一年、五頁。および、アンリ・ベルクソン『物質と記憶』合田正人・松本力訳、ちくま学芸文庫、二〇〇七年、三五八頁。以下、MMと略し、邦訳については全集版／文庫版の順で頁数を記す。
（6）MM, p. 1. ; 邦訳、五頁／三五八―三五九頁。
（7）MM, p. 2. ; 同書、六頁／三五九頁。

――を中立化することによってこの論敵に対抗することが問題なのである。デカルトは「幾何学的延長と同一視することで、物質を我々からあまりにも遠ざけていた[8]」。というのも彼は、物質の内で感覚質（qualités sensibles）が発生することを理解不能にしてしまったのだから。だからバークリは、第二性質が第一性質と同じだけの客観的実在性を有すると主張した点では正しかった。彼の誤りは、このことから、物質を精神の内へと移し入れなければならないと信じたことである。というのは、そのように物質を主観的なものにしてしまえば、物理学の成功によって認められている、様々な現象の間の客観的な秩序を説明することができなくなってしまうからである。その結果、彼は現象間のそうした数学的秩序を、神の摂理的な主観性の産物とせざるを得なくなってしまった。カントの批判は、このような二重の袋小路の帰結なのである。というのも、それは、直観された対象の主観化を認めると同時に、経験、あるいは知覚でさえ、現象間の客観的な秩序がその条件を成していると考えようとするものだからである。

2　純粋知覚

では、『物質と記憶』第一章の純粋知覚理論は、いかなる点で、ベルクソンの「反批判哲学」の企てに応じているのだろうか。その本質的な側面を、簡単に振り返っておこう。純粋知覚理論とは、いわば減算的（soustractif）な知覚の理論である。つまり、この理論の賭金は、知覚の内にあるものは物質の内にあるものよりも少ないということ、表象（représentation）が現存（présentation）よりも少ないということを立証することにある。イマージュに話を戻そう。ベルクソンによると、諸々のイマージュは、恒常的な諸法則、すなわち自然法則によって、相互に作用・反作用し合っている。このイマージュの総体においては、いくつかの特殊なイマージュ、その典型が私の身体によって私に与えられる特殊なイマージュの媒介なくして、新しいものは何も生み出されないように思われる。実際、私の身体は、他の諸々のイマージュと同様、作用（action）し、運動を受け取り、返しているのだが、その際、他のイマージュと次の一点においてのみ異なっている。それは、私の身体は「受け取るものの返し方をある程度選択（choisir）しているように思われる」という点である。それゆえ、私の身体とは「行動（action）の中心」なのであって、表象を産出するものではない。ここから、ベルクソンによる二つの定義が出てくる。「私は、イマージュの総体を物質と呼び、これらの同じイマージュがある特定のイマージュ、すなわち私の身体の可能的行動と関係づけられたとき、それらを物質の知覚と呼ぶ[9]」。

知覚についてのこのような減算的理論の主要な関心は何だろうか。それは、次のことであると思われる。もしも、物質から知覚へと移行するために、何かを加えなければならないとすれば、この追加はまさしく思考不可能だろうし、表象の不可解さは全く手つかずなままとなるだろう。しかし、前者から後者へと減少（diminution）という仕方で移行できるとすれば、そしてひとつのイマージュの表象は、そのたんなる現存よりも少ないものであるとすれば、もはや事情は同じではない。ところで、生物が宇宙において「不確定性の中心」を成すのだとすれば、生物が現存するということだけで、対象

（8）MM, p. 3.; 同書、七頁／三六一頁。
（9）MM, p. 17.; 同書、二一四―二一五頁／一五頁。

の内、その生物の機能と利害関係にない部分はすべて削除されると考えられる。そこでベルクソンは次のように想定する。生物は、外界の作用の内、自分に関係のないものを通過させる。それ以外の、分離された作用は、まさしくその分離によって、知覚になるのだ、と。このことによって、意識的な知覚と物質との間には文字通り部分と全体の関係があることになる。ベルクソンによれば「任意の物質の点がもつ知覚は、我々の知覚よりも無限に広大で完全である［とさえ］言うことができるだろう」[10][1]。知覚するとは、イマージュの表層に留まるようになること、イマージュに、物質的な知覚という無限の深層から離れ、表層的になるよう強いることなのである。

したがって、我々は、諸々のイマージュの内、ごくわずかな部分しか知覚していないのであって、この部分が我々の環境を成しているということになる。そして、まさしくこの部分の只中で、我々は選択（choix）を行っているのである。それゆえ、次のように言う必要があるだろう――これはベルクソン自身は強調していないことであるが、以下の議論では必要となるため、強調すべき点である――、すなわち、以上に見た知覚理論においては、二つの選別（selection）が働いているように思われる、と。つまり第一章の章題である「イマージュの選別」とは、一方で、身体によって、選択の前になされる選別のことであり、他方で、精神によって実行される選択に由来する選別である。この後者は、無限に多くのイマージュのなかですでに身体によって選別された、知覚の諸要素の間でなされる選択なのである。実際、精神が自由であるのは、精神がこの世界で直接知覚する厖大な数の可能的行動の間で、いくつかの行動を選択し、選別する限りにおいてである。だが、精神が行動を選択できるのは、その選択に先行する選別、すなわち、それ自体は自由ではない選別がすでに行われていたからでしかない。つまり、身体によるイマージュの選別があり、この選別が選択の項を構成しているのだ。身体は、無限に拡がる物質を絶えず粉砕しているのであって、そうして得られた細粉が、精神に提示される選択肢を成しているということだ。身体は項を選別し、精神は諸項の間で選択する。それゆえ、知覚には三つの実在（réalité）がある。物質、身体、精神、つまり、連絡、選別、行動（communication, sélection, action）である。

さらにこう述べることもできるだろう。すなわち、結局のところ、身体によって可能となるもの、それは、有限（fini）である、と。そう、ベルクソンにとって、身体が獲得した驚くべきもの、それは、有限、すなわち、無限（inifini）の連絡における、大規模かつ広大な遮断なのである。身体は精神にとっていわば、無限を遮るためのフロントガラスなのだ。一塊の物質は、どんなに微小なものであっても無限の情報を含むと考えられる。だが身体は、拒絶によって有限性（finitude）を獲得する。まさしくここに、無機的＝非有機的（inorganique）なものの只中における生物（le vivant）の発生（émergence）がある。つまり、それは、相互に連絡し合っているものへの無関心（désintérêt）という並外れた力能（puissance）によるバリケードなのである。生物とは、第一義的には、関心に基づく選択の力の発生ではなく、実在（le réel）に対する大規模な無関心の発生なのだ。それは、実在のごくわずかな部分のための、大規模な無関心による発生であるが、このわずかな部分が知覚の全体を成しているのである。身体は、イマージュの無限の連絡の内で、その行動と利害関係をもち得る、ごく少数の潜在的作用を

（10）MM, p. 35.；同書、四三頁／三九頁。［　］は原著者による補遺。

〔1〕原文から単語がいくつか削除されている。以下、傍点によって削除されている部分を示す。「物質の無意識的な点は、どれも、その瞬間性において、我々の知覚よりも無限に広大で完全な知覚をもつ、ということもできるだろう」。

区別する。次いで、身体によって、意識が大部分のイマージュに無関心となった後でのみ、精神は、第二の自由な選択を実行することができる。以後、第一のと形容される選別、つまり身体による選別とは、可能的行動の総体としての知覚である。そして、第二の選別と呼ばれるもの、つまり精神による選別は、減算の力という点で、身体による選別よりも遥かに劣っていることに注意しよう。というのも、精神は、有限数の等しく可能な選択肢を失うことでひとつの選択肢を選ぶのに対し、身体は、跡も残さず自らを突き抜ける無限のイマージュを失って、限られた数の選択肢を選別するからである。

したがって、ベルクソンの知覚理論のおそらく最も魅力的な特徴、すなわちこの理論が、極めて徹底された反カント主義的な理論であるその理由、それは、ベルクソンにとって、知覚は綜合（synthèse）ではなく、節制（ascèse）であるということである。知覚は、カントのように、感性の素材（matière）を主観的形式へ従属させたりはしない。なぜなら、つながりや接続、形式は、すべて物質（matière）の側に属しているからである。知覚は接続するのでなく、切断し、内容に形を与える（informer）のではなく、秩序を切り開く（inciser）。知覚は物質を豊かにするのではなく、反対に、貧しくするのである。

3　縮約としての記憶力

当初の企図へ戻ろう。

反カント的な内在の要請に対し、ベルクソンの純粋知覚理論は『物質と記憶』の残りの部分に比べてより正確に応えていることの立証を試みること——これが我々が採用した観点であった。したがって、このような立場を維持するということは、次のことを示すことである。すなわち、この要請が損なわれてしまうのは、ベルクソンが、物質を知覚から本質的に区別することを拒否するこの理論を、事実上ではなく権利上においてのみ正しい――なぜなら、知覚には実際にはつねに記憶力が混入しているのだから――とする時点からである、と。我々の主眼は、内在主義の要請に従うとどうして、この理論が権利上のみならず事実上も正しいと主張しなければならないのか、その理由を引き出し、この主張がどのように擁護され得るのかを示そうとすることにある。

さて、知覚と知覚される対象との一致は、ベルクソンによれば、事実上というより権利上存在するものである。というのも、我々の知覚の基礎を成す、現実のほとんど瞬間的な直観の土台は「我々の記憶力がそこに加えるものに比べれば取るに足らないもの[11]」なのだから。ベルクソンはここで記憶力に二つの形式を設けている。その形式は、しかしながら、『物質と記憶』第二章に見られる二つの記憶力の間の区別、すなわち身体の運動メカニズムに属する習慣としての記憶力（mémoire-habitude）と、真に精神的な記憶力に由来する記憶イメージ（image-souvenir）という有名な区別と一致するものではない。今我々が関心を向けるのは、すでに第一章において導入されている区別であり、それは、精神によって働く記憶力の内部で設けられる区別である。精神の記憶力そのものが、二つの異なる形式のもとで、知覚に混入することができるのである。この二つの記憶力は、それぞれ、想起としての記憶力（mémoire-rappel）、縮約としての記憶力（mémoire-contraction）と呼ぶことができる。

想起としての記憶力は知覚とともに複雑な回路を成し、この回路によって、ベルクソンが第二章で

（11）MM, p. 68.; 同書、七六頁／八一頁。

「注意的再認」と呼んでいるものが可能となる。この再認においては、現在の知覚を解釈することができる記憶イメージが知覚へと混入するため、どれが知覚でどれが記憶かをもはや識別することができなくなる。ベルクソンは読書の例を挙げている。彼によれば読書とは、予見の働きと呼ぶにふさわしいものである。読書において我々は、ページ上の記号をたんに受動的に知覚しているだけではない——というのもそのとき精神は、いくつかの特徴を基礎として、その特徴の間を、記憶イメージ——紙面上へ投射され実際に印刷された文字に取って代わる——で埋め合わせているからである。知覚に混入する第二の記憶力は、現在へ我々の過去の記憶を放出するのではなく、当の現在それ自体を構成する——これが、縮約としての記憶力である。実際、我々の知覚はどんなに短いものだとしても、幾ばくかの持続を占め、それゆえに、多数の瞬間を相互に延長する記憶力の働きを必要とする。それゆえにベルクソンは次のように述べることができる。「記憶力は、二つの形式において、すなわち、直接的な知覚の土台を記憶という布で覆い、厖大な数の瞬間を縮約するかぎりで、知覚における個人的意識の主な寄与分、我々の事物認識の主観的な側面を構成する(12)」。

すると、物質の認識の問題は次のようなものとなる。我々の知覚は、物質そのものに直接通じているように思われた(これは『物質と記憶』第一章の決定的な前進であった)。我々は対象において、本当に対象そのものであるところの即自的イマージュを知覚する。物質は、深層や、隠れた側面といったものを一切もっていなかった。この点で、ベルクソンの内在主義は、物質があるがまま完全に与えられているという事実を手放すことはなく、そこには認識が到達し得ない物自体や、隠れた超越の余地は全くなかったのである。さらに言えば、世界は意識に内在していたのでも、フッサール的な対象性のように、内在における超越であったわけでもなかった。そうではなく反対に、意識のほうが物質そのものの表面へと滑り込んでいたのであって、この物質は、常識がそれを捉えていると信じるものと一致していたのである。だが、ベルクソンは、記憶力を導入することで、そのような常識から大きく遠ざかってしまったように思われる。というのも、記憶力の導入以後、物質というものは、知覚の残滓、すなわち、記憶力が二つの仕方で絶えず導入するものを知覚から取り除いた後でそこに残されるものとなってしまうからである。

さて、こうした修正をしてしまえば、ベルクソンの内在主義はもはや取り返しのつかないほどに損なわれてしまうように思われる。そしてそれは、想起としての記憶力が導入されるからではなく、縮約としての記憶力が導入されるためである。実際、想起としての記憶力によって、物質そのものの直観可能性が失われることはない。我々は、知覚の対象に対して十分なだけの注意をすることによって、一定の型をもった過去が、現実の事物の特異性を覆いにやってこないようにすることができる。これはたとえば、文章校正の際に、誤植を修正するために行われていることである。そのとき我々は、単語をページ上に実際に書かれている通りに読もうと努めているのであって、書かれている内容を読み取ろうとしているのではない。だから、現在の知覚から想起としての記憶力の覆いを剥ぎ取るには、権利上は、ただ集中するよう努力しさえすればよいのであって、そうすれば、物質は再認のメカニズムから解放されるのである。したがって、純粋知覚の内在主義は、想起としての記憶力によって記憶を付加されることで侵されるものではない。縮約としての記憶力の場合、我々の考えでは、事情は同

（12）MM, p. 31.; 同書、三九頁／三三頁。

じではない。この点を把握するため、まずは、この第二の形式の記憶力が何を行っているのか、そしてとりわけ、この記憶力が混入すると想定されている知覚から、この記憶力を取り除くとはどういうことなのか、これらの点をより正確に説明する必要がある。この第二の形式の記憶力については、『物質と記憶』の第四章、および最終章でその要点が説明されている。縮約を行う記憶力は、持続のリズムについてのベルクソンの理論に由来するものである。そのリズムをベルクソンは、ある重要な、今もよく知られている例を用いながら紹介する。それは光の振動についての例である。ベルクソンによれば、赤色光は一秒間に四〇〇兆回振動している――このいわば厖大な数の出来事を数え上げるには、仮にこの振動の各々が我々の意識にのぼるのに十分なだけ長く持続するとすれば、二五〇〇〇年もの時が必要になるだろう。したがって我々は、物質的実在に対して驚くべき縮約を行っているのであって、ひとつの瞬間において我々は、それ自体では厖大な数の出来事を含むものを知覚しているのである。ところで、まさにこうした縮約の働きが、諸々の質（qualités）を生じさせる。実際、ベルクソンによれば、様々な質の異質性（hétérogénéité）は、等質的な（homogène）――そしてそれゆえに定量化可能で、物質の構成要素である――振動の縮約に由来するのである。

ここで決定的に重要なテクストを引用しよう。「みとめられる二つの色の還元不可能性は、とりわけ、緊密な持続に由来するものであって、そこにはそれらの色が我々の瞬間の内のひとつにおいて行っている無数の振動が縮約されているのだと考えることはできないだろうか。もしもこの持続を引き延ばすことができるとすれば、もっとゆっくりとしたリズムでこの持続を生きることができるとすれば、このリズムが遅くなるにつれて、それらの色は、あせて引き延ばされ、継起する複数の印象となり、それらはおそらくなお彩られてはいるとしても、次第に純粋な振動と一致するようになるのが見られるのではないだろうか。この運動のリズムが、たとえば低音階の場合のように、我々の意識の習慣と一致するほどに十分にゆったりとしている場合には、知覚される質は自ずから分解し、ひとつの内的連続性によって互いに結ばれた、反復し継起する振動となるのが感じられるのではないだろうか(13)」。

換言するなら、物質そのものは、ある種の思考実験によって取り戻せるのであって、そのためには、持続のリズムは様々に変化することができ、緊張には様々な程度があるのだという考えを認めさえすればよいのである。ベルクソンによれば、この緊張によって、我々は、様々に異なる質という形で、厖大な数の出来事を圧縮しているのであり、これらの出来事は、物質に対しては、ちょうどその出来事と同じ数だけの瞬間として現れるのであって、そのとき質は、それらの瞬間へ引き延ばされて薄まっているのである。リズムがゆっくりとしていればいるほど、物質的な出来事は相互に区別されるようになり、質はより薄くなる――というのも、そのとき質は、時間の継起的な流れの内で拡散されるのだから。リズムという概念によって、我々は、いわば「様々な時間の具体的スケール(échelle concrète des temporalités)」を理解するよう促される。我々は、たんに物質の或るひとつのスケール――原子のそれよりは遥かに広大で、宇宙のそれよりは遥かに狭い――に生きているだけではない。我々は、また、数ある持続のスケールの内のひとつ、時間の流れの或る特殊なリズムをも占めているのであって、そのために我々は五〇〇分の一秒以下のどんな出来事に対しても意識をもたないのであるが、この持続は、光としての物質にとっては、無数の振動を、すなわち、相互に区別される無数の出来事

(13) MM, pp. 227-228.; 同書、二二七頁/二八九―二九〇頁。

を生み出すのに十分なのである。

4　縮約としての記憶力の批判

ベルクソンが、記憶力による質的な産物を「脱縮約（dé-contracter）」する操作を「弛緩（détente）」[14]と呼ぶことにしよう。この操作によって、物質的な知覚は、それを取り巻く記憶の主観的な覆いから純化される。そしてこの操作は、我々にとって（pour nous）あるのではなく、それ自体において（en soi）ある物質を再び見出すことを目的としている。そこで、この弛緩の理論において、問題を生じさせているように思われる事柄を解明し、そうすることで、ベルクソン哲学の歩みに対する我々の不満がどこにあるのかを明らかにするよう努めよう。

知覚と記憶（souvenir）の間には程度の差異しか存在しないという主張をベルクソンがどのように批判したのかは、よく知られている。この経験論的な主張によれば、記憶は弱まった知覚でしかないということであるが、もしそうであれば、この命題の反対もまた主張しなければならない、つまり、微弱な知覚は、強い記憶と区別されないと主張する必要があるだろう、とベルクソンは指摘する——この命題が一貫性を欠いていることを明らかにするには、その反対を考えるだけで十分だというのである。それでは、まさにこれと同じやり方で、弛緩の操作に対して疑念を呈してみよう。実際、持続のリズムの減速が、ベルクソンが言うように、質の希釈ないし「引き延ばし」に相当するのだとすれば、反対に、色の希釈の経験や、低音階への音の移行は、つねに持続のリズムの減速に相当する、と主張しなければならないだろう。あるいはまた、物質的な持続においては、色はあせ、音は弱まるのだとしたら、同じように、薄い色や低い音を知覚することで我々は、持続のリズムを変化させられるのだと主張しなければならないだろう。だがもちろんそんなことはない。というのも、我々は反対に、生きるリズムを全く変えることなく、画家のパレットの端から端へと目を移すことができ、（奏でられる音が低いからといって、譜面やメトロノームが要求するリズムが変わることはない以上）ピアノの様々な音階の変化を聴き取ったりすることができるのだから。要するに、持続のリズムと音階の高低とは互いに無関係なのである。このことは、最も低い音が最も高い音よりも速いリズムで演奏可能であることばかりでなく、心地よい低音のシークエンスを聴くときには速く過ぎ去る時間が、退屈な高音のシークエンスとなると遅く感じられることがあり得る、ということからも明らかだろう。

　したがって、実際に知覚の弛緩を行い、物質の即自を主観的な記憶力から解放することは不可能であるように思われる。事柄をより詳細に検討すると、知覚を縮約としての記憶力から解放することの困難は、この記憶力が知覚の質そのものを構成しているというその想定にあるということがわかる。想起としての記憶力の場合はそうではなかった。後者の場合、実際に記憶力と知覚の分離を――注意深く読むことによって――経験することができたのだが、ここではもはやそれは不可能なのである。実際、私は今、次のような背反する二者択一に直面している。一方で、弛緩の成果を直接直観しようとしても、私は、物質的持続――徐々に色あせていく色や、だんだんと低くなる音――の経験ではなく、私に固有の持続の経験を続けるしかない。また他方で、物質的振動の等質的な本性を引き出す役

（14）ベルクソンは『創造的進化』第三章において、持続がその創造的エランの限界に到達する際の、持続による空間の発生を指示するために、この語を用いているが、本稿はもちろん、これとは別の意味でこの語を用いている。

目は科学に帰される——しかしこの場合、私はたんに実験の結果を記録するだけであって、等質的な物質と異質的な知覚の間で想定されているような連続的な本性が考えられることはない。後者の場合、私は物質的振動の本性に到達するのだが、それは科学という間接的な手段を通じてのことであって、その科学は、私が実際にもっている質の知覚と連続してはいないのである。

換言すれば、縮約としての記憶力は、純粋知覚理論の主要な成果、つまり即自の認識可能性という成果を無に帰してしまうように思われるということである。なるほどたしかに、物質とは縮約の働きの対象とならなかったものであるように思われる。しかしながら、この縮約はつねにすでに行われているのであって、その影響は知覚の構成要素にまで及ぶものと想定されている。それゆえ、もはや我々は、いまだ我々の主観的な持続に影響を受けていない物質そのものを取り戻すために来た道を引き返すための妥当な方法を思い描くことができない。さらに別の言い方をすれば、縮約を行う記憶力の欠点は、これによって我々が、節制としての知覚の理論——ベルクソンの考えの非常に独創的な契機であると同時に、その反批判哲学の姿勢が最も徹底されていた契機——から離れ、綜合としての知覚の理論——我々にとって（pour-nous）とそれ自体において（en-soi）というカント的な分離に従う——に再び陥ってしまうことであるように思われる。知覚の節制的な理論は、物質の形式を物質そのものの内に置き入れる点において、たしかに強力なものであった。この理論によれば、綜合は、物質的なものであって、イマージュが相互に維持する規則的な関係の内に認められていた。表象は、物質に対して、いかなる形式での綜合も付け加えることはなかったのである。だが、記憶力の縮約理論によって、事態は一変する。なぜなら、そこでは知覚が、物質そのものの内に、形式、すなわち綜合を再導入してしまうからである。そしてこの綜合——この場合、時間的な圧縮——が、直接的な質の起源だと言われるのである。しかし、知覚が綜合によるものであるなら、その綜合という限定の内に閉じ込められている以上、我々は実際には、綜合される素材の本性を見出すことができないことになってしまう。これはまさしく、我々は弛緩――我々の内的な持続に固有の質を伴う世界から、我々を抜け出させる――を直観できないという、先の我々の試みが証すところである。

この困難をより正確に把握するために、ここでカントの「知覚の先取（anticipation）」を想起することができる。周知のとおり、『純粋理性批判』[15]の「原理の分析論」においてカントは、我々が現象の形式だけでなく、ある程度、その質料（matière）をも先取することができると主張し、あらゆる実在に、度合い（degré）、すなわち内包量――単位でなく微小差分（différentielle）へと分割可能な量――を認めている。たしかに我々は、時間が無限に分割可能であること、そしてその結果、意識的な或る一定の質の程度 x と、意識の程度0との間には、無数の瞬間が流れ去っていたのであって、これらの瞬間は、まだ意識的ではない諸綜合の対象であったということを知っている。それゆえ、一見すると直接的であるように思われる知覚の質は、実際にはすでに意識によって形を与えられていたのである。知覚とは、微小差分の和ないし積分であって、この微小差分だけが物自体と同一視され得る。しかしながら、この物自体をそれ自体においてあるものとして見出すためには、微分（dérivation）の操作――知覚の前意識的な積分（intégration）のちょうど逆の操作に相当することが確証されるような――

（15）Immanuel Kant, tr. Alain Renaut, *Critique de la raison pure*, livre II, chapitre II, troisième section, A 166-176, B 207-218.（Paris : Flammarion, 2001）, pp. 242-249. ; イマヌエル・カント『純粋理性批判』、原佑訳、平凡社ライブラリー、上巻、三六七―三八一頁。

我々がどのようにしてもきるのでなければならないだろう。ところが、まさしくこの微分こそ、我々がどのようにしても確実な仕方では規定できないものなのである。この点で、ベルクソンは、ある困難に直面していたと言えるだろう。それは、いくつかの明らかな相違点を除いて、ザロモン・マイモンの懐疑論を正当化する役割を果たした困難を想起させるものである。というのも、マイモンは、『超越論的哲学についての試論』[2]において、ヌーメノン（noumène）を意識の微小差分と、フェノメノン（phénomène）を産出的構想力による微小差分の積分と同一視することで、認識によって来た道を引き返す――フェノメノンからヌーメノンへと――操作を禁じたからである。彼によれば、ヌーメノンは我々には認識されないままでなければならない。なぜなら、ヌーメノンを取り戻すために哲学者によって提案された微分が、そのヌーメノンに為される、意識についての積分とちょうど対称的なことであるかどうかは、決して確証され得ないからである。[16]

要するに、節制としての知覚の反カント主義と内在主義の獲得物は、ベルクソンが主観的な綜合の圏域へと回帰することで、危機に瀕することになるように思われるということである。ベルクソンは、主観性そのもののうちに、綜合の働きを導入するやいなや、思考が到達不可能な物自体の可能性を、そうしてまた、根源的な超越の可能性を回復させてしまうのだ。すると、議論の賭金は、以下のようになる。縮約という綜合の契機を受け入れることを回避するような節制としての知覚の理論を構想することはできないだろうか。その理論はどのようなものであり、いかにしてその正当化を試みることができるのだろうか、と。

5　純粋知覚への回帰

縮約する記憶力を考慮せずに純粋知覚を考えるには、どのようにすべきだろうか。ベルクソンが縮約という観念を導入するよう促されるに至ったその理由へと立ち戻ってみよう。よく考えれば、その理由はまさに次の事実に帰着するように思われる。それは、基礎的な物質についての科学が、ミニマムな意識的持続を、それよりも遥かに速い出来事――この場合、光の振動――へと分解するという事実である。縮約としての記憶力の理論が説明しようとするのは、まさにそうした振動としての物質の実在についてであり、それは、そのような物質の状態が、我々にとって諸々の異なる質へと変化する過程の存在を指摘することによってである。だが、この事実の内に、イマージュの

〔2〕原註にはないが、おそらくここで参照されているのは以下の仏訳である。Salomon Maïmon, *Essai sur la philosophie transcendantale*, trans. J.-B. Scherrer (Paris : Vrin, 1989). 微小差分（différentielle）とは、微分演算 dy/dx における dy や dx のことである。ドイツ語原語版からの平川愛氏による該当箇所の邦訳を引いておく。「このような客体の微分がいわゆる叡智体 Noumena である。そしてこれに由来する客体自体は現象 Phänomena である。各々の客体の微分それ自体は、我々の直観の点においては0、すなわち dx=0, dy=0 等々である。しかし諸微分の関係は0ではなく、諸微分に由来する直観において明確に示され得る」(「世界の視点――知のトポス」、第3号、二〇〇八年、新潟大学大学院現代社会文化研究科「世界の視点をめぐる思想史的研究」プロジェクト、一一五頁)。なお、ベルクソンとの関係でこの論点に関心のある方は、以下の著作を参照されたい。David Lapoujade, *Puissances du temps : versions de Bergson* (Paris : Minuit, 2010), pp. 33-36.

（16）『超越論哲学についての試論』のこのような側面のより詳細な考察については：Jacque Rivelaygue, *Leçons de métaphysique allemande*, tome I (Paris : Grasset, 1990), pp. 134-149.

理論だけでは十分に説明できないことがあるだろうか。困難は、あるひとつのイマージュ――色を伴った知覚としてのイマージュ――が他の多くのイマージュ――等質的な振動としてのイマージュ――を含んでいるという想定にあるように思われる。ところで、ひとつのイマージュが実際に我々にそれ自体における物質を示すのだとすれば、どうして、そのおびただしい数の振動が、同じように我々に現れてはならないということがあるだろうか〔当然、そんなことはない〕。というのも、そうでなければ、我々による世界の把握が、世界を修正する操作を導入していることを認めなければならなくなってしまうからである。

とはいえ、こうした反論に対しては、ベルクソン自身、容易に応じる方法を示している。彼は物質の内には表象よりも多くのものがあると述べてはいなかっただろうか。ベルクソンの内在主義の根拠は、物質は表象と異なるものではなく、表象より多いものであるという事実の内にあったのではなかっただろうか。そうである以上、いったい何が、物質に対し、我々がそこから引き出すことができるもののすべてを与えることを妨げるというのだろうか〔そんなものは何もないのである〕。というのも、物質が、彩られたイマージュの総体であるのなら、それは、もはや質をもたないイマージュの総体でもあるのだと述べることや、物質を、それについて我々が時間および空間のあらゆるスケールにおいてもち得るすべてのイマージュとしてしまうことは、禁じられていないのだから。繰り返せば、まさにこの点に、純粋知覚の減算理論の強さがあった。それによれば、物自体とは、その物に対して取ることができるすべての視点であった。最も近い、ごくわずかな部分しか含まない視点から、最も遠く離れた視点に至るまで、すべての視点であったのである。そうであるならなぜ、光としての物質にも同じことを言わないのか。そしてなぜ、光とは、そこから抽出可能なイマージュのすべてであると、様々なスペクトルの色だけでなく等質的な振動もまた光なのだと主張しないのか。イマージュとしての物質にこうした二つの視点を与えることは禁じられていない。すなわち、イマージュかつ実験で観測されるイマージュであり、色を伴ったイマージュかつ振動としてのイマージュであるのだと考えることは決して禁じられていないのである。そこで端的にこう述べよう。物質とは、時間と空間のスケールに応じて根本的に異なる様々なイマージュから成るのだ、と。換言すれば、これは結局、物質に対して持続のすべてのリズムを与え、人間の知覚を、物質的な量の縮約ではなく、リズムの選別、あらゆるリズムを含むイマージュとしての物質からのひとつのリズムの選別としてしまうということである。

6 減算モデル

今や我々は、『物質と記憶』から引き出される純粋な減算モデル、すなわち縮約抜きの減算モデルの核心が、どこにあるのかを考察し始めることができる。

次の二つの公準から出発しよう。

1――物質は諸々のイマージュから構成されている。これらのイマージュは、我々が自然法則とみなす諸法則によって、すべて相互に連絡し合っている。この連絡を流動（flux）と名づけよう。流動によってイマージュは運動を受け取り、イマージュへと伝達する。したがって、物質は、質的であると同時に量的な多様性、彩られながらも等質的な多様性の内にある。

そこで、次のような用語の取り決めをしておこう。すなわち、以下では、質的であるだけでなく、質的であると同時に量的でもある多様性を異質的（hétérogène）と形容する。このとき、等質的なものは量と同一視可能なままであるのに対し、異質的なものは質と同一視することができなくなる。異質的なものは、質以上に異質的なのである。というのも、異質的なものは、様々な質の間の差異だけでなく、様々な量の間の差異、および質一般と量一般の間の差異をも含んでいるからである。

2――流動によって相互に接続されたこのようなイマージュに対して、遮断（interception）、すなわちカット（coupure）を加える必要がある。ここで遮断は、イマージュに対し局所的な分離、すなわち、表層的な生成以外の何かをもたらすものではない。ここで議論を明確にするため、厳密な意味でのベルクソンの理論から少し離れてみよう。つまり、生物が大部分のイマージュを通過させ、その内のいくつかだけ引き止めることによって、知覚としてイマージュの希薄化（raréfaction）が生じるのではなく、この希薄化は、いくらかの流動が意識へ侵入することを可能にするカット、すなわちバリケードに由来するとする。〔とはいえ〕本質的な点に変更はない。というのも、知覚は、いずれにせよまだ、物質の希薄化として考えられているからである。

これら二つの公準は、次の命題に集約することでより明確に定式化することができる。生成がある（il y a du devenir）。そして、この生成とは、諸々の流動とそれらの遮断のことである。この言明はつまり、生成を構成するのには流動だけでは十分ではなく、遮断もまた必要であるということを述べている。たしかに、流動は運動を伝達する。しかし、この運動は、自然法則に支配されているため、実在をいわば飽和させるような必然性にしたがってあらゆるイマージュを他のあらゆるイマージュへと接続する、という意味においては、生成ではない。あらゆる事物が、他のあらゆる事物と諸法則にしたがって接続されているのであれば、他のすべてのイマージュの現在、過去、未来の運動を決定するには、原理上、あるひとつのイマージュについて知るだけで十分である。そしてその結果、これら時間の三つの次元の間の差異そのものが、運動を伝達する不動のネットワークのために消去されるに至る。このとき人は、強力な噴流に比されるような不動性、運動から成る不動性に直面しているのであって、そこでは物質（matière）の連続的運動が、形式（forme）の連続的不動性にまで達している。流動は、それだけでは、そうした純粋な動性であって、いかなる障害もその展開を妨げることはないという事実そのものによって、自らを不動化してしまう。要するに、流動とは、不変法則に支配されたあらゆる事物の間の紐帯（lien）なのである。

生成があるためには、何かが起こらなければならず、何かが起こる（se passer）ためには、何かが過ぎ去る（passer）だけでは十分ではない——反対に、何かが過ぎ去らないことが必要である。つまり、切断（déconnexions）が必要である。これが、物質以外の何かを導入することなく、物質の内へと生成を導入する唯一の方法であり、こうすることによってのみ、我々は、ドゥルーズの「魔術的公式」すなわち「多元論＝一元論」[17]を維持することができる。異質的な物質の一元論は、それ自身の内に、物質以外の何かを受け容れることなく——存在論的な二元性を導入することなく——出来事性（événementialité）の多元論を受け容れるのである。

（17）Gilles Deleuze et Félix Guattari, *Mille Plateaux* (Paris : Minuit, 1980), p. 31. ; ジル・ドゥルーズ＋フェリックス・ガタリ『千のプラトー』、宇野邦一・小沢秋広・田中敏彦・豊崎光一・宮林寛・守中高明訳、河出文庫、上巻、二〇一〇年、五一頁。

このような方策がいかにして可能であるのかを見ていこう。生成があるための条件は、変化が生み出されること、そしてその変化が物質的流動に還元されないことである。このことから、次の主張を認めざるを得なくなる。すなわち、諸々の遮断自身の生成がなければならない——遮断自身が変化する必要があるのだ、と。しかし、そうした変化はいかにして思考可能なのだろうか。上述の観点において、その変化は次の仕方でしか生じ得ない。すなわち、流動の遮断は、流動の線の上を移動しなければならない。

こうして**図1**が得られる。

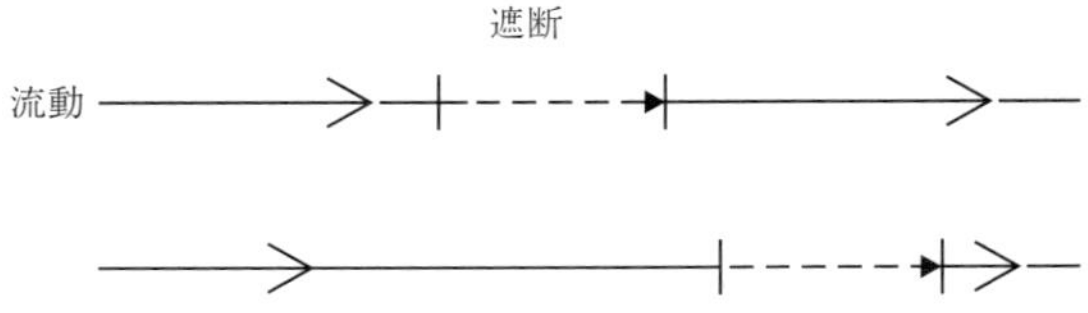

図1　流動の遮断と遮断の流動

この図から、ひとつの生成はつねに二つの生成から成ることがわかる。生成があるためには、生成は二度変化しなければならない——イマージュの流動として、そしてまたイマージュの遮断の流動として。それゆえ、生成は、二重の矢印から成るのだが、この矢印は、いかなる存在論的二元性も導入することはない。第一の矢印は流動の矢印である。第二の矢印だけが生成を導入する。そして、この二重の矢印によって、イマージュというベルクソン哲学の主題と、ドゥルーズが『意味の論理学』(18)で動員した非物体的なものというストア派の主題を接ぎ木することができる。そこで、流動の時間の次元をクロノス、遮断の時間の次元をアイオーンと呼ぶことにしよう(19)。どのような根拠から、ストア派の用語だけでなく、『意味の論理学』におけるドゥルーズ的な用語法をも継承することができるのだろうか。二つの要素を挙げておく。

1．第一に、周知のとおり、『意味の論理学』におけるクロノスとアイオーンという区分は、深層の原因の時間性、すなわち物体的な混合物の時間性を、非物体的な出来事の時間性から区別するものである。ところで、先の二つの矢印は、まさしくこの区分に対応している。つまり、一方で流動とはまさしく物質の動的な混合体であり、他方で、遮断とはまさしく非物体的なものである——というのも、遮断は全く物質的なものではないのだから。加えて、遮断の生成は、イマージュの深層から表層へと上昇してくる生成である。というのは、遮断の結果、物質は表層的になる——すなわち、知覚において、物質はその外皮へと縮小するのだから。それゆえ、我々は、正当に、非物体的なものについてのドゥルーズの主張を繰り返すことができる。「こうして、今やすべてが表層に再上昇する」[20]。2. 第二に、このようにカットの移動として定義し直されたアイオーンに対して、ドゥルーズ的なアイオーンの特性に対応する特性を与えることができる。それは、出来事性（événemenetialité）、すなわち、あらゆる出来事がその内で連絡し合う唯一の〈出来事〉（Événement）という意味での出来事性であり、「一回で偶然のすべてを肯定すること」、「すべての投賽への一回限りの投擲」である[21]。実際、遮断の移動のプロセスや遮断の変化の時間性を考えようとするのであれば、いかなる物質的な説明も拒否しなければならない。切断の移動が物質的法則に由来するのだとすれば、切断は幾つかの流動の内のひ

（18）Gilles Deleuze, *Logique de sens*, « première série de paradoxes, du pur devenir »（Paris : Minuit, 1969）, pp. 9-12. ; ジル・ドゥルーズ『意味の論理学』、小泉義之訳、河出文庫、上巻、二〇〇七年、「第一セリー　純粋生成のパラドックス」、一五—二〇頁。

（19）アイオーンとクロノスの区別については：*Logique du sens*, « 23e série, de l'Aiôn », pp. 190-197. ;『意味の論理学』、上巻、「第二三セリー　アイオーン」、二八三—二九三頁。

（20）*Logique du sens*, p. 17. ;『意味の論理学』、上巻、二六頁。

（21）Ibid., pp. 210-211. ;『意味の論理学』、下巻、一四頁。

とつに還元され、そこではいかなる生成も存在しないことになるだろう。だが、生成があるなら、どんな物理法則もそれを説明することはできない。つまり、決定論も確率論も——これらは物質的なプロセスを説明する二重のパラダイムであるが——非物体的なものの移動を説明するために動員することはできないのである。すると、このカットの生成について何か積極的なことを述べようとするなら、次のように主張する他なくなる。すなわち、この生成はたしかに偶然を構成する、だがそれは、その確率を決定することが不可能な偶然である。なぜならそれは、永劫において流動という不動のテーブルへと投げられた、唯一の投賽の結果なのだから、と。[22]

以上のように切断の移動として理解されたアイオーンの意味を明確にすることにしよう。まずは切断の存在に立ち戻らなければならない。すでに述べたとおり、減算モデルの賭金のひとつは、あらゆる形態における二元論および存在様態間の区別を避けることにある。したがって、切断された存在(l'être-déconnecté)は、流動としての存在(l'être-flux)と異なるものであってはならない。ところが、そう主張するためには、切断された存在は何ものでもないと言うだけでは不十分である。なぜなら、そう述べることは、エピクロス的二元論を、つまり、物質と空虚の二元論を繰り返すことなのだから。我々のモデルから作られる「存在論的風景」は、むしろ「反転したエピクロス主義」とでも言うべきものである。というのも、そこでは、実在する原子が(クリナメンの結果)偶然的な仕方で無限の空虚へと移動するのではなく、反対に「空虚の原子」が、偶然的な仕方で流動の無限の充溢へと移動するのだから。したがって、最終的には、切断そのものが異質的な流動から成る充溢へと還元されることになる必要があるだろう。では、どのようにして、流動のカットということを、それもまた流動であるとして、かつ、それがカットであるということを消去しないように考えることができるのだろうか。それはただ、このカットを流動の迂回（détour）――当の流動に課される遅延効果を同時に伴う――へと還元することによってである。求められるだけの間持続する遅延を得るには、迂回を無限に増大させるだけでよい。カットとは、n乗された流動の迂回の局所的集積なのである。こうして我々は、厳密に連続的な存在論――1の無限和を基礎に0を生み出す存在論、実在の無限和を基礎に無（rien）を生み出す連続的存在論――の内に身を置くことになる。

このように、カットを迂回と同一視することによって、物質以外には何も存在しない、という点は確保される。だが、生成があるのだとすれば、クロノスとアイオーンの区別をまだ維持する必要がある。なぜか。それは、すでに述べたとおり、生成は遮断の生成に、つまり迂回の生成に依存しているからである。迂回の生成とは、流動の線の上を迂回が移動することである。ではいかにして、あるいはいかなる条件において、そのような移動は思考可能であるのだろうか。それは、我々には過去が必要である、という単純な条件においてである。ところが、切断の過去こそ、まさしくクロノスが我々に全く呈示しないものなのだ。このことは**図2**に示されるとおりである。

もし迂回が物質的な過去をもつとしたら、その過去は、実際には、波に還元されてしまうだろう。この波の移動は図に示されるとおりである。波とは、最も一般的な意味において、その物質的運動の

(22) 唯一の投擲や永劫回帰として理解されるドゥルーズ哲学における偶然の概念については：Alain Badiou, *Deleuze : La clameur de l'Être*, « Éternel retour et hasard » (Paris : Hachette, 1997), pp. 101-116. ; アラン・バディウ『ドゥルーズ　存在の喧噪』、鈴木創士訳、河出書房新社、一九九八年、「永劫回帰と偶然」、一〇五―一一二頁。

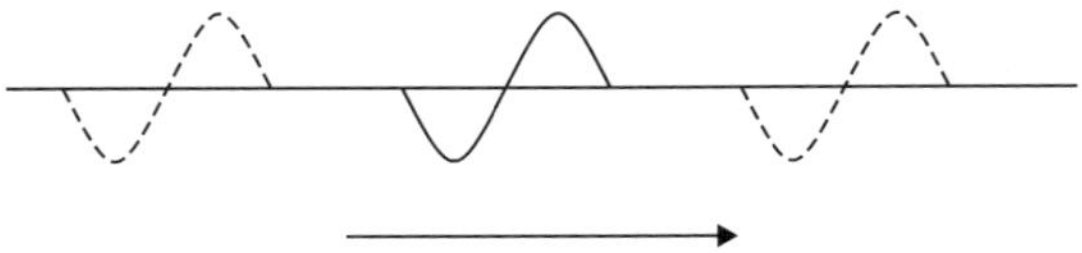

図2　波

過去および現在が原理的には、決定論的または確率論的な仕方で再構成され得るものである。あえて言うなら、その過去と未来とを同時に孕むこと——過去と未来とを自らの現働的な存在（son être-actuel）の内に包摂したまま把持すること、これがまさしく波の特性である。さて、迂回は物質的には波と区別されない。というのも、迂回はそれ自身、物質だけによって作られるのだから。しかしながら、迂回の移動は、波から区別されなければならない。なぜなら、迂回の時間性は偶然的なものであるからである。したがって我々は、過去の第二の線を引かなければならず、この線だけが、二つの識別不能なもの、すなわち波と遮断とを区別することができる。こうして**図3**が得られる。

　この過去の第二の線、もはや波のそれではない線を、私は潜在的なもの（le virtuel）と名づける。すると、以下のように用語を定めることができる。以後一方で、物質的な過去を有する迂回を波であるとし、他方で、潜在的なものの線から生じる迂回は襞（pli）であるとする。詳論せずとも、このように特徴づけられた潜在的なものと、ドゥルーズ哲学における潜在的なものには、明らかに多くの決定的な共通点がある。1．潜在的なものは、未規定なものではなく、完全に規定されているものである。2．潜在的なものは、実在的なものであり——そうでなければ襞の生成は存在しないだろう——、潜在的なものは、したがって、現働的なものに対立するものであって、実在的なものに対立するものではない。3．潜在的なものは、可能的なもののように、現働的なものの幻影的複製ではなく——この複製は、現働的なものからその存在を差し引いたものに等しい——、潜在的なものは、いかなる点でも、現働

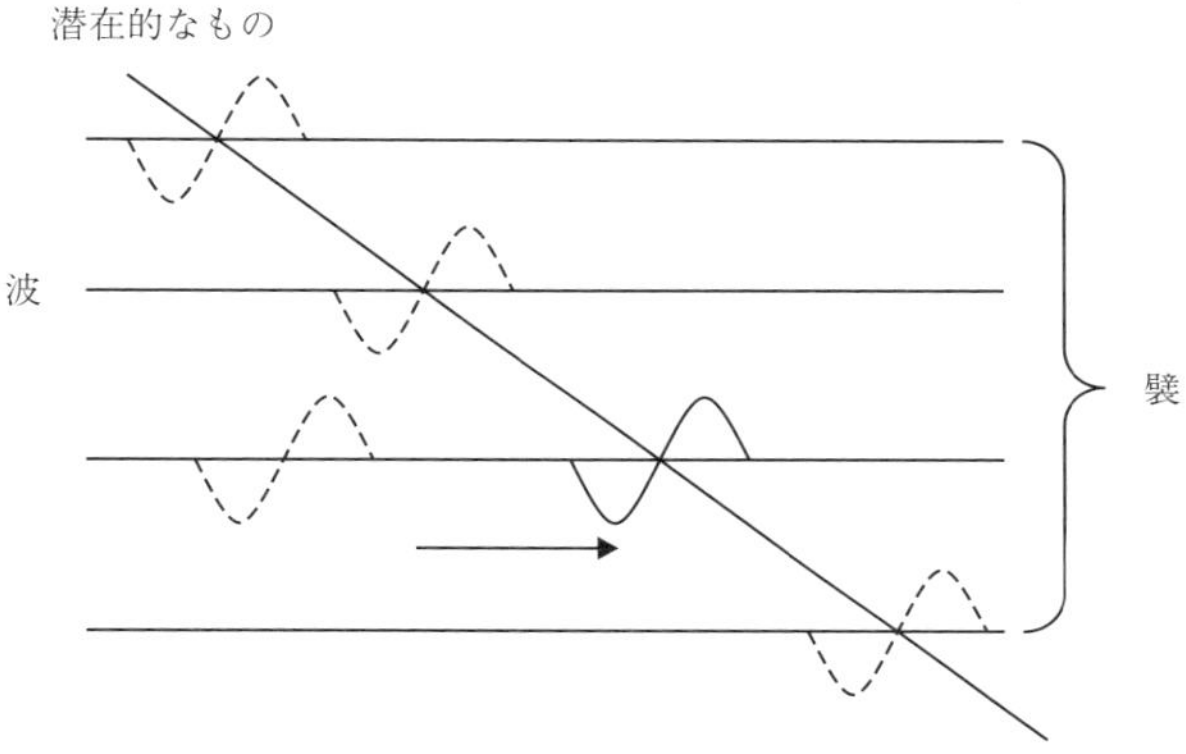

図3　潜在的なもの

的なものと類似しない。4．最後に、潜在的なものは、真の生成にとっての、すなわち新しいものの予見不可能な創造にとっての存在論的な条件である。(23)

しかしながら、このように潜在的なものという主題を遮断モデルへと導入することは、ほとんど無益であると言われるかもしれない。我々はただ、自分たちのモデルに、ベルクソン哲学における潜在的なもの——予見不可能な創造としての持続の概念に固有な——を取り入れているにすぎない。それゆえ、潜在的なものがドゥルーズにおいてベルクソン哲学の本質的な遺産である限りにおいて、ここに示されるモデルも、それがベルクソンに対応しているのと同程度には、ドゥルーズとも対応しているだろう〔だが、それは自明のことではないか、と言われるかもしれない〕。そのとおりである。しかし、減算モデルに潜在的なものを導入することの利点は、そのことによって、潜在的なものとい

(23) 潜在的なものについてのこうした様々な側面については：Gilles Deleuze et Claire Parnet, *Dialogues*, « Annexe : chapitre V. L'actuel et le virtuel » (Paris : Flammarion, 1996)；ドゥルーズ＋クレール・パルネ『対話』、江川隆男訳、付録、第五章、「顕在的なものと潜在的なもの」、二二九—二三五頁。および：Alain Badiou, *Deleuze*, « Le virtuel », pp. 65-81：アラン・バディウ前掲書、「潜在的なもの」、六七—八五頁。

うベルクソン哲学の概念が本質的な点で修正を強いられることにある。それは次のように定式化されるだろう。すなわち、我々は、質と量という対から独立に、潜在的なものを思考するように導かれるのである。ところで、ベルクソンにおいて、この対は、純粋持続の思想にとっての最も重要な二極を成している。たとえば、『意識に直接に与えられたものについての試論』において、純粋持続は質的多様性であり、等質的で量的な、それゆえに持続しない物質と対立するものである。またすでに見たように、『物質と記憶』の場合、質と量は連続的なものと考えられており、記憶力の役割はまさに、量の縮約によって質を得ることにある。だがこれと反対に、減算モデルにおいては、潜在的なものを考えるにあたってこの二極では不十分になる。それは、流動がすでに完全に質的でありかつ完全に量的であるという単純な理由のためである。とりわけ質は、それ自体で新しさの指標であるとは言えなくなってしまう。このことが含意するのは、予見不可能な創造という表現が、以後、第一義的には質のことを指示しなくなり、代わりに褶曲（plissement）――襞の潜在的な生成――を指示するようになるということである。要するに、予見不可能な創造については以後、潜在的なもののトポロジーないし地質学の用語法を用いることが望ましいということだ。このことからまさに、ドゥルーズとの対応関係のひとつの成果が生じる。それは、潜在的なものというベルクソン哲学の遺産が、質にかんする用語ではなく、地質学的な用語によって表現されるということである。(24)「生成がある」は、実際には、「諸々の潜在的な襞がある」あるいは「褶曲がある」と言われることになる。

『物質と記憶』の冒頭を媒介にドゥルーズの思想の再構成を図るという方針を押し進めるため、ここで次の点を強調しておく必要がある。それは、我々は、承知の上で、厳密に言えば純粋知覚理論ではない理論、それも純粋知覚理論よりも貧弱な理論から出発したのだという点である。というのも、その第一章を自律させるため、我々は『物質と記憶』のみならず、純粋知覚理論自体をも分断したからである。この点を説明しておこう。ベルクソン自身は純粋知覚理論において、不確定な行動の中心、すなわち自由な存在を与えており、この自由によって、諸々のイマージュの内、生物と利害関係にあるものだけが選別される。ところが我々のほうはというと、あらゆる二元論を斥けるため、そのように自由な存在を与えることができない。なぜなら、それを与えてしまえば、存在の二つタイプ、すなわち自由な存在と物質的な法則に従う存在という二つのタイプを設けることになってしまうからである。ドゥルーズが、純粋知覚の内にある種の内在主義を見て取っているのは、おそらく、自由と物質という見かけ上の二元論のもとに、一元論を看取しているからだろう。その一元論を引き出すには、ベルクソンが自由と呼んでいるものが、減算的生成の特殊なケースとして獲得可能であることが示されなければならない。換言すれば、生物がいかなる点でその生成の特殊なケースであるのかが示される必要がある。

　事態をより明確に定式化し直そう。正確に理解されなければならないのは、流動と遮断が認められたからといって、何らかの生物、ましてや何らかの自由な存在が認められたわけでは決してないということである。ひとつの遮断、あるいは遮断の総体でさえ、生物を生み出すことはない。実際、ベルクソンから着想を得るとすれば、生物とは何だろうか。それは、流動の局所的希薄化のことである。

(24) ここで我々はドゥルーズの次の二つのテクストを考慮に入れている：*Le pli. Leibniz et le baroque* (Paris : Minuit, 1988) ; 『襞　ライプニッツとバロック』、宇野邦一訳、河出書房新社、一九九八年。および：*Mille plateaux*, « 3. 10 000 av. J.C. - La géologie de la morale » (Paris : Minuit, 1980), pp. 53-94. ; 『千のプラトー』、上巻、「3　BC一〇〇〇〇年——道徳の地質学」、九一—一六一頁。

というのも、生物とは身体、すなわち選別――我々が第一のと形容した選別のことなのだから。つまり、身体とは、あらゆる自由な選択に先立つ選別であり、この選別が我々に選択肢を与え、それらの間で、場合によっては、自由な存在が選択をすることになるのである。換言すれば、生物とは場所――流動がもはや全面的かつ無差別的に通過することのない――なのである。すると、次のような生物の定義を提案できるだろう。生物とは、複数の遮断から成る非連続的な環である、と。環であるというのは、流動の希薄化に対してひとつの場所を確保しなければならないからであり、非連続的な環であるというのは、生物が自らを流動から完全に切り離してはならないからである――そうでなければ、生物は周囲の世界ともはや情動によっても知覚によっても一切の関係をもたないことになるだろう。私は、流動のあらゆる局所的な貧困化、つまりあらゆる生物を「希薄化」と呼ぶ。希薄化は、遮断より多いものである。というのも、ひとつの遮断はひとつの希薄化を成さないが、ひとつの希薄化は流動の複数の遮断だけによって構成されるからである。

こうして生物ないし身体についての**図4**が得られる。

そこで新しく次のように問うことができる。すなわち、生物の生成というものがあるのだろうか、あるいはまた、希薄化という出来事の生成というものがあるのだろうか、と。生物が思考可能であるとすれば、そうした生成はなければならない。実際、もし希薄化の生成がなければ、生物の素材、つまり、生物の場所を構成する物質についてしか考えられないことになるだろう。すると、希薄化の素材は考えられても、希薄化が何であるかは考えられないことになる。つまり、生物は有機体として考えられても、希薄化としては考えられないだろう。身体の物質的な実質（substance）については考えられても、イマージュの希薄化の場所、すなわちイマージュの選択の場所としての身体そのものについては考えられないのである。しかし、希薄化がそれ自体無から生じるわけでも、生命的な流体、すなわち、物理学が認めるのとは異なる、生物の存在様態を特異化するような物質が存在するわけでもないのに、非有機的な生物なるものを、いったいどう考えたらよいのだろうか。この困難を解決するには、生物を思考することは必然的に希薄化の領域（zone）の生成を思考することへと帰着すると考えればよい。身体の非有機的な過去、すなわち潜在的な希薄化が存在しなければならない。生物の非有機的な過去が、すなわち身体の無機的な生成が必要なのである。あるいはこうも言えるだろう。器官なき身体が必要なのである[25]、と。そして、褶曲が、希薄化の褶曲を構成するのに十分な一貫性を保持し続けるのなら、我々は、生命をそれに固有の進化から思考し、そうすることで、生命の生成、有機的な流動と混同されない生成の類型（typologie）を引き出すことができるだろう。

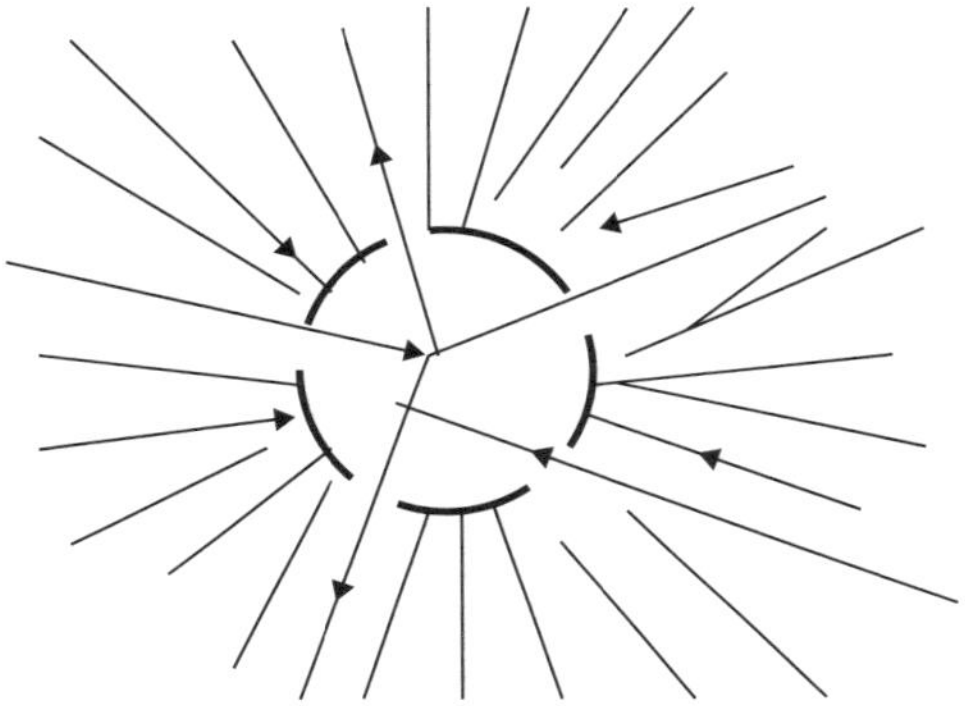

図4　身体

　科学に、事物の状態、すなわち流動の状態を記述し思考する役割が与えられているとすれば、哲学には、潜在的生成を記述し思考する責務が残されているだろう。生命的であるが、

（25）器官なき身体については：*L'anti-OEdipe*（Paris : Minuit, 1972/1973), p. 15 sq. ;『アンチ・オイディプス』、上巻、二七頁以下。

しかし非有機的な生成についてのあらゆる類型を評価（évaluation）と呼ぼう。我々の評価は、いかなる類型を採用することになるのだろうか。遮断の非連続的な環として理解された生物が許容し得る、生命的生成の主要なタイプとはどのようなものであるだろうか。二つの基本的なケースが認められる。すなわち、不連続〔な環〕の縮小と拡大である。第一のものは、生物がもつ無関心という力能（puissance）を増大させ、第二のものは、流動の一部への拡大される開放によって示される。第二の生成を能動的（actif）生成、第一の生成を反動的（réactif）生成と形容しておこう〔図5〕。

先へ進む前に、ここで、遮断モデルがいかなる点でベルクソンの純粋知覚理論のモデルと区別されるのか——そしてその区別にはどのような利点があるのかを明確にしておきたい。それは、次のとおりである。ベルクソンは、自由に行動することができる生物——イマージュの選別の中心——が存在するという前提から出発する。そのとき前提とされている選別は、第二のタイプの選別であり、これは、様々な選択肢の間での自由な選択を意味している。そして、彼はそこから知覚の本性、すなわち第一の選別、選択の諸項の不自由な選別を導いている。これと逆の手順で議論を進めてきた我々には、第一の選別、すなわち自由でない選別しか与えられていなかったため、生物は、第一の選別の特殊な形態として構成されることとなった。それゆえ、我々は純粋知覚理論の一部分しか取り入れていないことになる。というのも、こうして構築されたモデルには、ただひとつのタイプの選別、すなわち不自由な選別しか導入されていないからである。次いで、この選別には予見不可能な生成が与えられたのであるが、唯一新しいものを生み出すことができるこの生成によって、選別の二つの規則——能動と反動——が区別されたのである。このようにして、減算モデルの利点は、ベルクソン的な選別をニーチェ的な選別へと接ぎ木できることであると理解される。実際、我々は、ベルクソンのモデルからニーチェが拒否した自由意志という概念を取り除いたことで、選別という語の二つの意味、ニーチェ的な意味とベルクソン的な意味とを、つまりは、知覚によるイマージュの選別という意味と生命的生成の類型という意味とを近づけることができる。まさしくここに、減算モデルとドゥルーズとの対応関係がもたらす新しい効果がある。それは、このモデルによって、一見全く異なる二人の哲学者を、ドゥルーズが好んだことの意味を考えられるようになるということである。だが、そのような接近をより厳密なものとするためには、能動的という概念をさらに明確に構成する必要がある。

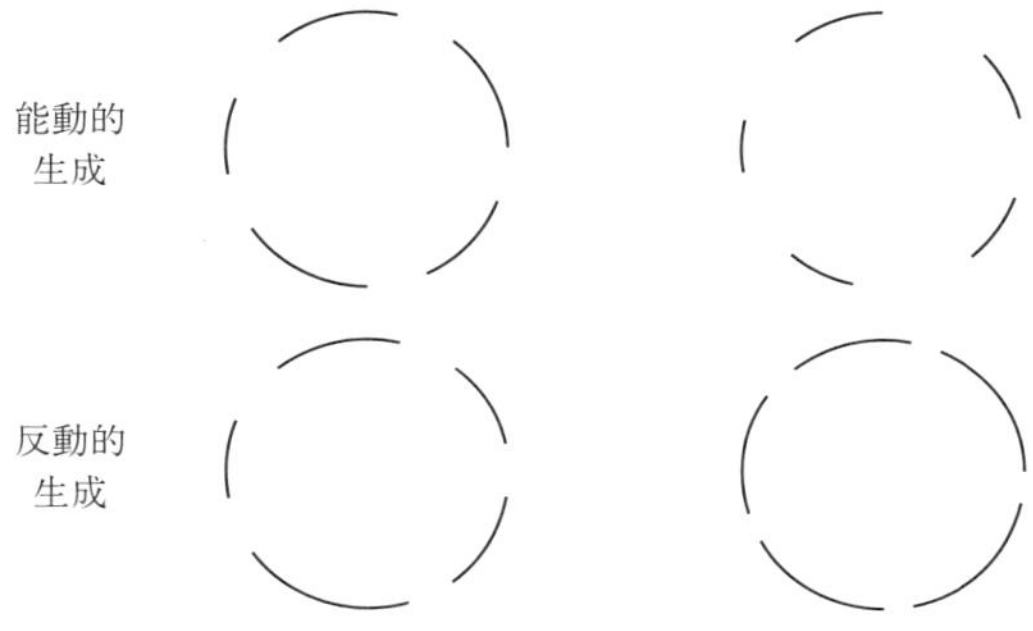

図5　能動的生成、反動的生成

我々のモデルにおいて、能動的生成とは何だろうか。それは、生物の構成そのものに本質的な無関心の減退によって現れる生成である。この無関心を、まさにそれが生物の本質を成す限りにおいて、愚劣（bêtise）と名づけよう。愚劣、「牡牛の額をした」〔3〕愚劣とは、生物が、外部へと自らを開放せず、つねに自己保存するその振る舞いのことである。反対に、能動的生成はつねに、何かが起こること、より正確には、関心のある何かが起こることによって現れる。このようにして関心と無関心というカテゴリーは、自由と不自由のカテゴリーに置き換えられる。というのも、これ

〔3〕ボードレールの表現。『ボードレール全詩集Ⅰ』、阿部良雄訳、ちくま文庫、一九九八年、三七一―三七三頁。

ら二つの生成、すなわち能動的生成と反動的で愚劣な生成は、どちらもあらゆる自由な選択に先行し、選択の空間に影響を与える（affecter）ものだからである。だから生成は、とりわけ能動的生成は、本質的には受動的（passif）なものとして、さらに言えば、生物の受動性の増大、すなわち「受能性（passivilité）」の増大――生物が外部の流動の一部に対して、拡張した情動（affectivité）を感じる、その振る舞い――として考えられなければならない。この拡張そのものは物質的なものではない。というのも、それは褶曲なのだから。だが、この拡張は生成であり、この生成によってより多くの物質的流動が身体を通過する（passer）。すると、遭遇（rencontre）や受動性（passivité）という概念、そして触発（affect）という概念さえ――これらは出来事についてのドゥルーズの思想と共鳴する概念である――、もはやたんに有機的なだけではない生命的な意味をもつことになる。能動的な身体、革新的で創出的な生成を被り得る能動的な身体には、つねに何かが起きている。身体の力能の増大は、構成的な主体の自律的な決定に由来するものではない。それは、絶えず被られる経験、触発的な経験に由来するものなのであって、この経験の内で、ラディカルな外部（extériorité）が、それまでそのようなものとして決して感じられることのなかった外部が与えられるのである。(26)

結論として、減算モデルの主要な関心と思われたものについて述べることにしよう。

このモデルによって我々は、ドゥルーズおよびニーチェにおいて、生命という概念をめぐって提起され得るひとつの問いに明確に応じることができるようになる。次の問いは二人の哲学者の著作に一貫しているように思われる。すなわち、どうして、生物は、反動性に屈し得るのだろうか、という問いである。あるいはまた、『アンチ・オイディプス』におけるドゥルーズのように、こう問うこともできるだろう。すべての力が、反動的になるように定められているのだろうか、と。実際、生命的生成が能動的であることには、全く困難がない。というのも、生物が自己を保存する傾向にあることを認めさえすれば、それが世界と関係する表面を拡大しようとすることは容易に理解されるからである。しかし、生物がその力能を低下させるということ、つまり、その受容性（réceptivité）——創出的な受能性——を低下させるということ、これはまったくもって謎である。この謎は、反動的な存在がその反動性を他の物体にまで伝播し、自らが為し得ることから能動的なものを分離するということ、そして最終的にこの反動性は、それ自体で最も革新的かつ革命的な経験を損なうように思われること、これらのことを考慮するとき、いっそう深いものとなる。この問いは、二元論の問題でもある。というのは、生命が、いかなる点で、潜在的に反動的なのかが理解されない限り、二つの存在様態——その連絡が思考不可能な、しかし連絡していることは明らかな——の分離を招く恐れがあるからである。結局のところ、生命が反動性と共犯関係にあることは、どう理解されるべきなのだろうか。

減算モデルはこの問いに対して明確な応答をもたらす。それは端的に、このモデルによって我々が、死の二つのタイプの存在を主張するに至るからである。生命の二つのタイプが存在するのは、二つのタイプの死が存在するからなのである。

このことを解明し、結論としよう。

（26）思考および思考と愚劣との関係については：Gilles Deleuze, *Différence et répétition*（Paris : PUF, 1968）, chap. III. ; ジル・ドゥルーズ『差異と反復』、財津理訳、河出文庫、二〇〇七年、第三章。および：François Zourabichvili, *Deleuze : Une philosophie de l'événement*（Paris : PUF, 1994）, pp. 24-33 ; フランソワ・ズーラビクヴィリ『ドゥルーズ・ひとつの出来事の哲学』、小沢秋広訳、河出書房新社、一九九七年、八五―九六頁。

まず指摘すべきなのは、我々のモデルによって、死の本質的な両義性が明らかになるという点である。というのも、非有機的な身体には、二つの死、すなわち非連続的な環を「消去する」二つの方法が考えられるように思われるからである。一方で、幽閉（enfermement）、すなわち遮断の環の漸進的な縮小による死があり、他方で、消散（dissipation）、すなわち環それ自体の漸進的消失に由来する死がある。あるいはまた、一方が環の表面の減少（身体の縮小）による死であるとすれば、他方は環の減少（身体の消散）としての死である。このことは図6により明瞭に示されるとおりである。

環の表面の減少による死は、モナド的な死、すなわち気絶による死に等しいと言えるだろう。この場合身体は、自らに折り畳まれることによって、徐々に小さくなり、ついには完全に消滅するに至る。このような様態において、反動的なものの死の力能は理解され得る。というのも実際、反動的なものは、麻痺や消尽、世界に対しての絶えず強まる無関心によって死へと向かうからである。このような体制（régime）の死の使者としての概念的人物を、我々は、司祭（prêtre）と呼ぶことができる。

では、これとは別の死の可能性をどう考えるべきだろうか。環の減少による死、身体の消散による死、身体が絶えず拡大し、ついには外部の流動へ完全に解消してしまうことによる死——こうした死の可能性をどう考えるべきだろうか。そして、こうした死に至る生成の使者は、いかなる概念的人物であるのだろうか。

この第二の死の可能性、それこそがまさに、『物質と記憶』冒頭部の我々の最初の読解を情動的に支配していたものであるように思われる。というのも、このテクストを読むことで、我々は、多くの点で魅了されると同時に、ある曖昧な恐怖を感じ取っていたからである。そして、その恐怖の印象は以下のことに由来するものであった。我々は通常、唯物論者として、死とは無機的な物質への身体の

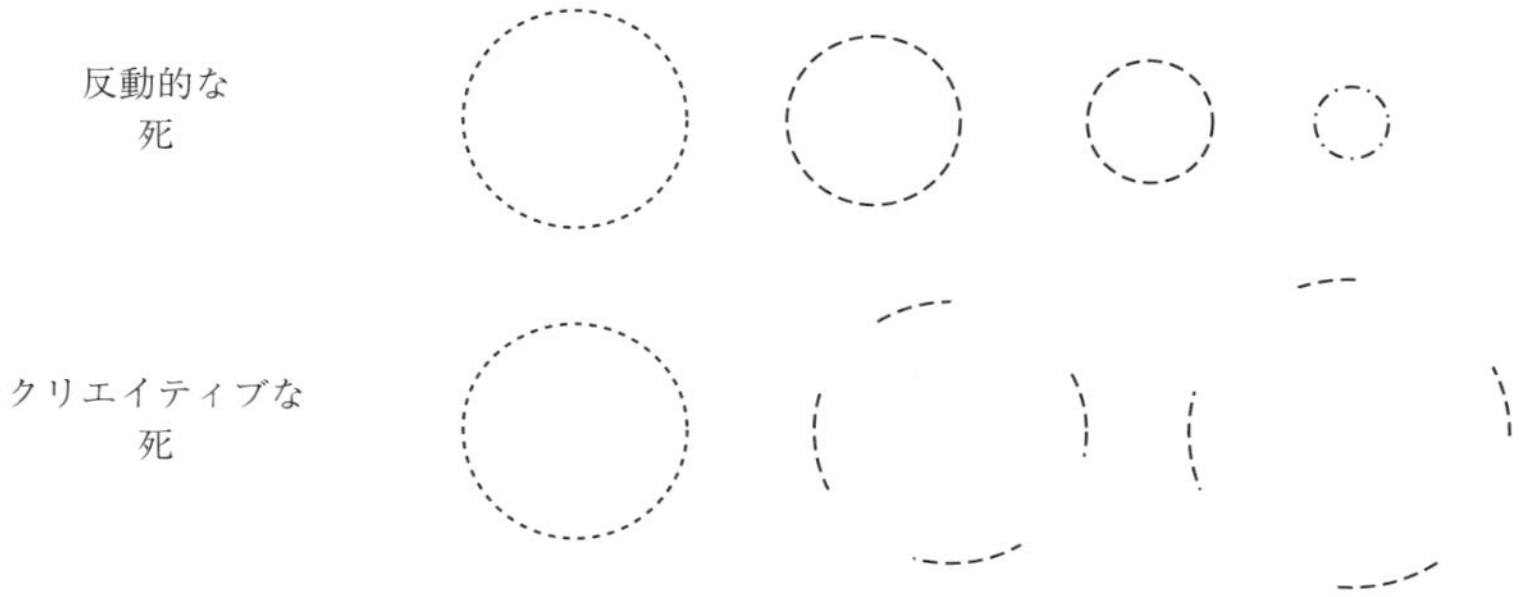

図6　反動的な死、クリエイティブな死

回帰であって、したがってそれは、主体にとっては全くの無（néant）であると考えている。だが、物質がベルクソンの述べたようなものであるとすれば、物質の状態への回帰としての死は、もはや決して無と同一視されるものではなく、むしろ、狂気、さらに言えば無限の狂気に匹敵するものである。というのも、物質になることは、イマージュの消去ではなく、イマージュの選別の消去であったのだから。それゆえ、死のイマージュ（image）を抱くためには、次のように考える必要があるように思われたのである。すなわち、全宇宙の、ありとあらゆる運動、ノイズ、匂い、風味、光が——ありとあらゆるものの凄まじく騒々しい喧噪が駆け巡るかのごとく——我々に、ある瞬間に一度に訪れるとしたら、そのとき、我々の生命（vie）はどのようなものであるのだろうか、と。あたかも死という無がたんなる空虚でなく、反対に、いわば存在（existence）の飽和として、存在のおぞましい横溢として理解されねばならないかのように。

　以上のように理解された死とは「コミュニケーション（連絡）の完全なる支配」のことである。死すること、それは、たんなる通過点、あらゆるものとあらゆるものの連絡のたんなる中心と化すことなのだ。こうして、生物とは、減退した世界における苦痛の創発ではなく、反対に、カオスの恐怖の生成――狂気を無限の速度に至らしめる――における、狂気の減衰であることが理解される。この狂気としての死、恐怖としての死について、『哲学とは何か』の結論部におけるドゥルーズのように、こう述べることもできるだろう。「我々がほんのわずかな秩序を請い求めるのは、カオスから身を守るためである。おのれ自身を逃れ出る思考以上に、そして、すでに忘却によって蝕まれてしまったのか、あるいはもはや自分で制御できなくなってしまったがゆえに、逃れ去り、消え失せてほとんど輪郭がなくなる観念以上に、苦痛で、不安を掻き立てるものは何もない[27]」。

したがって、コミュニケーションの致死的な生成とは、司祭の反動的な生成とは決定的に異なるものである。それは、致死的な生成は、能動的な生成に類似しており、ある程度までそれと区別することさえできないからである。『哲学とは何か』のいたるところで、ドゥルーズは、広告やマーケティングといったコミュニケーションの諸学が、概念を不当に占拠していると述べているが、それらのディシプリンはあたかも、情報の非一貫的で無意味な喧噪における真なる創造の恐るべき延長であるかのようなのである[28]。

そうであるなら、減算システムにおいては、司祭にならんで、情報の伝達者《コミュニケーター》を最初の概念的人物としなければならないだろう。この人物は、創造的（créateur）でもなく反動的でもない、〔いわゆる〕クリエイティブな（créatif）諸生成を設立する。そしてこの生成は、まさしくそのクリエーションの只中で、見かけの運動や言葉を添わせながら、死を放出するのである。この生成は、自己へと閉じられる愚劣の生成ではなく、むしろある執拗な愚行の生成、新しさの見かけをもったあらゆるものへの狂乱的な開放の生成であり、コミュニケーションの哲学、あるいは少なくともその権化のいくつかを前に哲学者が抱く恐怖とは、自らの死の可能性を前に抱く恐怖であると言えるだろう。ドゥルーズが指摘するとおり、哲学者は、そうした哲学に議論をもちかけられるやいなや、彼らに媚びへつらうことで、そうした死へと危険なほどに接近してしまうのである。これは、狂気としての死、非一貫性への死であって、麻痺としての死ではない。ここで死とは、触発の欠如の増大によって眠りこむことではなく、コミュニケーションの絶え間ない流れの内で呆けてしまうことなのだ。

ところで、ここには、減算モデルの反カント主義の第二の特徴を見ることができる。というのも、このモデルによれば、節制としての知覚によって即自へのアクセスが可能になるだけでなく、さらに、哲学がそれへと向かうように要請するものを、理念として、それも統制的な理念としてさえ、考えることができなくなるからである。それは端的に、このモデルによれば、それへと向かわねばならないものへ到達すること以上に悪いことはないからである。発明し、創造する以上、ひとはカオスへと向かうのであるが、カオスと実際に合流すること以上に忌避されることは何もない。ここに示されたモデルは、傾向的でありながら同時に反統制的である。というのも〔ここで我々は〕、創造する傾向を支配するカオスへとたえず接近しなければならないのと同時に、自分がカオスへ陥ってしまうことをたえず防がなければならないからである。

こうしてようやく、司祭の力の源が、すなわち、反動的なものが生物に対してもつ誘惑の力の起源が明らかになる。すなわち、この誘惑は、司祭が我々に少なくとも穏やかな死を約束することに由来

（27）*Qu'est-ce que la philosophie ?*, p. 189. ;『哲学とは何か』、三三七頁。
（28）Ibid., p. 15. ; 同書、二二頁。

する。というのも、この穏やかな死が、もとより流動に対する無関心のプロセスであった誕生（naissance）のプロセスを無限に強化するからである。司祭は我々に、二度目の誕生、すなわち孤立としての復活（renaissance）、外界に対する二乗の無関心、世界への最初の到来よりも増大した希薄化、要するに、ある種の不死を保証するのである。こうして、二つの死のモデルによって、二元論を導入せずに、生命と反動性との共犯関係を理解することが可能となる。要するに、反動的な生成は、生命を、クリエイティブな生成から保護するものである――より正確には、麻痺としての生成は、狂気としての生成から、生命を保護する。それゆえにこそ、反動性は大きな誘惑なのだ。にもかかわらず、哲学者がコミュニケーターに直面するとき、ひそかに司祭になることを望まないなどということがあるだろうか。

まとめよう。我々には二つの死がある。一方は他方よりも悪い。だからこそ、ドゥルーズによれば、思考すること、本当に思考することは、困難であるばかりか稀なことである。なぜならそれは、二つの死のうち悪いほうと隣り合い、生命がカオスへと生成するという危険をおかすこと、生命が、無限にクリエイティブなものに生成するという危険をおかすことなのだから。思考するということは、二度、征服者としてアケロンを渡ることである。それは、死者を訪ねること、あるいはむしろ死を訪ねることであり、とりわけそこからの帰還に成功することである。発生時に新たな流動の脱構造化を経ていながら、構造をもつ生物であり続けること。〈開かれたもの〉に自らを保つこと、自らを堅固に維持すること、それゆえ、ある程度は閉じた状態を保つこと、そしてそのようにして、カオスの経験を制御し書き綴ること。さらに言えば、ネルヴァルの言葉は、ドゥルーズ流にこう言い換えられるだろう。思考すること、それは、三度、征服者としてアケロンを渡ることである(29)。なぜならそれは、二つの死のうち悪いほうから少なくとも一度脱した後に、そこへと再出発する勇気をもつことなのだから。思考すること、それは、死が最も悪いものであると知りながらなお、そこへと引き返すことである。そうでなければ、いったいどうしろというのだろうか。

訳者解題

本稿は、Quentin Meillassoux, Soustraction et contraction : À propos d'une remarque de Deleuze sur *Matière et mémoire*, in *Philosophie*, n. 96. (Paris : Minuit, 2007/4), pp. 67-93. の全訳である。邦訳の初出は『現代思想』二〇一三年一月号であるが、書籍化に伴い一部修正を施した。底本としたのはこの仏語版であるが、訳出にあたっては以下に挙げる英訳も参照した。Quentin Meillassoux, Subtraction and Contraction : Deleuze, Immanence, and *Matter and Memory*, in *Collapse III* (UK : Urbanomic, 2007/11), pp. 63-107. また、引用される文献の訳については、既存訳を参照しつつ、訳者の責任で変更してある。

『哲学とは何か』の一節を手引きに、『物質と記憶』を徹底して「内在の哲学」として再構成しようと試みる本論文は、二〇〇四年にENSでメイヤスーが（ズーラヴィクヴィリと共に）オーガナイズした『物質と記憶』に関するコロックでの発表原稿が元になったものであり、実質的には（博論以降）彼が著した二番目の論文に相当する[1]。以下手短にその内容を要約した上で、メイヤスー自身の哲学と本論の関係につ

（29）Ibid., p. 190. ; 同書、二三九頁。

いて若干の指摘をしておきたい。

周知のとおり、『物質と記憶』の純粋知覚理論において知覚とは、物質（イマージュの総体）から身体の行動と利害関係にある部分をただ選別＝差し引くことによって得られるものである。それゆえ、ここには物質を超越するような何かは全く存在しない。しかし、ベルクソン自身にとってそうした知覚は権利上想定されるべきものに過ぎず、事実上の知覚はつねに、（多数の純粋知覚を）綜合する収縮と呼ばれる記憶力の介入によって成立するものである。メイヤスーはこの点を内在主義の不徹底として批判し、収縮なしの減算理論の構築を試みる。すなわち、収縮による綜合よってもたらされるはずであった接続や形式、異質性、そして持続の全リズムまでをも物質に内在させることで、我々の事実上の知覚が、徹頭徹尾、物質からの減算＝選別だけによって生じるものだと理解しようとするのである。

その上で彼は、物質を流動と、減算（による知覚の生成）を遮断と呼び換え、後者の解明こそが哲学の役割だとした上で、二つのタイプの遮断を区別する。[2] 減算における関心を増大させ、流動のより多くの部分の知覚をもたらす能動的選別と、関心を減少させることでより少ない知覚をもたらす反動的選別の二つである。だがそうすると、次のような問題が生じる。減算モデルによれば、ベルクソンであれば記憶力＝縮約の産物だとしたような異質性や持続の諸リズムが物質＝流動に内在される以上、より多くの異質性や新しさをもたらす能動的選別のほうが、「良い」ものであるはずである。そうであるのにどうして、（我々人間を含む）生命は、選別の力を低下させようとするのか、言い換えれば、生命が一般に反動的な存在であるのはどうしてか、という問題である。

これに対しメイヤスーは、上述の二つの選別にほぼ対応する、二つの死のタイプの区別を導入することでもって答えている。一方で、遮断における関心の増大による身体の消散による死（クリエイティブな死）がある。これは、流動との一体化に他ならず、そこでは「全宇宙のありとあらゆる運動、ノイズ、匂い、風味、光」等々が、「一度に訪れる」ことになるがゆえに、生命にとってこの死は恐怖でしかない。他方で、関心の減少によって身体が縮小することによる死（反動的な死）においては、そうしたカオスが全く与えられることのない穏やかな死が保証されることになる。したがって、生命が反動的であるのは、そのようなカオスの恐怖から自らを守るためなのである。

本論には、内在や偶然性、潜在性など、いくつかのトピックにおいて、メイヤスー自身の哲学と重なる部分も見受けられるものの、物質（流動）にも感覚質を認めるなどの決定的な論点について、博士論文『神の不在』の主張と相容れない部分も散見される。[3] ただし、本論第4節で展開される収縮概念批判には、著者自身の立場が色濃く反映されているという点には注目すべきである。というのも、『神の不在』は、『哲学とは何か』の物活論的な記述を、（生命の出現に関する）自説以外に唯一可能な「現代的かつオリジナルな説明」[4]として評価しつつも、物質が有するとされる微小な意識と生命的な意識とが程度の差異しかもた

［1］したがって、本論は実質的には『有限性の後で』（2006）の出版以前に書かれたものであることになる。なお公刊されたメイヤスーの最初の論文は、次のバディウ論である。"Nouveauté et événement", *Alain Badiou. Penser le multiple*, Charles Ramond (éd.), Paris, L'Harmattan, 2002, pp. 39-64.

［2］本論第6節以降では、これらの二つの契機に対してドゥルーズの諸概念が順次重ねられていくわけであるが、それらの説明は（おそらくは紙幅の都合から）ほとんど省略されている。ドゥルーズの諸概念に馴染みのない方は、原註で指示されている文献に加え、次の文献を参照されたい。芳川泰久・堀千晶『ドゥルーズキーワード89』（増補新版）、せりか書房、二〇一五年。

［3］メイヤスー哲学の概略については、本論集所収の論文「亡霊のジレンマ」の訳者解題を参照。

［4］cf. *L'inexistence divine*, thèse de doctorat, Université de Paris I, 1997, p. 32. なお、次の講演録でも、同じ論点についての批判的考察がなされている。"Iteration, Reiteration, Repetition: A Speculative Analysis of the Meaningless Sign.", in *Genealogies of Speculation: Materialism and Subjectivity since Structuralism*, Bloomsbury, 2016, pp. 117-197.

ないというベルクソン的な発想を明確に批判しているからである。この観点からすれば、本論は、物活論に一般に見受けられる困難を取り除くことで、自説に対抗しうる最も強力な世界像を提示する試みであると言うことができるだろう。

著者

カンタン・メイヤスー（**Quentin Meillassoux**）

1967年生まれ。パリ第一大学准教授。著書に *Après la finitude. Essai sur la nécessité de la contingence*（Seuil, 2006）〔『有限性の後で――偶然性の必然性についての試論』（大橋完太郎・千葉雅也・星野太訳、人文書院、2016年）〕、*Le Nombre et la sirène. Un déchiffrage du* Coup de dés *de Mallarmé*（Fayard, 2011）など。

序文

千葉雅也（ちば・まさや）

1978年生まれ。東京大学大学院総合文化研究科博士課程修了。哲学、表象文化論。立命館大学大学院先端総合学術研究科准教授。著書に『勉強の哲学――来たるべきバカのために』（文藝春秋、2017年）、『動きすぎてはいけない――ジル・ドゥルーズと生成変化の哲学』（河出文庫、2017年／河出書房新社、2013年）、訳書に『有限性の後で――偶然性の必然性についての試論』（共訳、人文書院、2015年）など。

訳者

岡嶋隆佑（おかじま・りゅうすけ）　Ⅲ・Ⅵ章

1987年生まれ。慶應義塾大学大学院文学研究科哲学専攻博士課程単位取得退学。哲学。同大学通信教育部他非常勤講師。論文に「ベルクソン『物質と記憶』におけるイマージュ概念について」（『フランス哲学・思想研究』22号、2017年）、訳書にグレアム・ハーマン『四方対象――オブジェクト指向存在論入門』（監訳、人文書院、2017年）など。

熊谷謙介（くまがい・けんすけ）　Ⅴ章

1976年生まれ。パリ＝ソルボンヌ大学博士課程修了。フランス文学・文化、表象文化論。神奈川大学外国語学部国際文化交流学科教授。著書に *La Fête selon Mallarmé. République, catholicisme et simulacre*（L'Harmattan, 2008）、『破壊のあとの都市空間――ポスト・カタストロフィーの記憶』（編著、青弓社、2017年）、『68年の〈性〉――変容する社会と「わたし」の身体』（共著、青弓社、2016年）など。

黒木萬代（くろき・まよ）　Ⅰ・Ⅱ章

大阪大学人間科学研究科博士後期課程在学中。哲学。日本学術振興会特別研究員（DC）。

神保夏子（じんぼう・なつこ）　Ⅳ章

東京藝術大学大学院音楽研究科博士後期課程修了。音楽学。立教大学兼任講師、国立音楽大学・桐朋学園大学非常勤講師、日本学術振興会特別研究員（PD）。論文に「マルグリット・ロンとドビュッシー――その演奏「伝承」の成立過程を追って」（『音楽学』、2014年）など。

亡霊のジレンマ

思弁的唯物論の展開

2018年6月26日　第1刷印刷
2018年7月 4 日　第1刷発行

著者――カンタン・メイヤスー
序文――千葉雅也
訳者――岡嶋隆佑・熊谷謙介・黒木萬代・神保夏子

発行人――清水一人
発行所――青土社
〒101-0051 東京都千代田区神田神保町1-29 市瀬ビル
［電話］03-3291-9831（編集）03-3294-7829（営業）
［振替］00190-7-192955

印刷・製本――双文社印刷

装幀――水戸部功

ISBN978-4-7917-7084-7 C0010